Melina Philippou

ΣΥΝΟΠΤΙΚΗ ΓΡΑΜΜΑΤΙΚΗ ΤΗΣ ΓΕΡΜΑΝΙΚΗΣ ΓΛΩΣΣΑΣ

για ελληνόφωνους μαθητές

Kurzgrammatik des Deutschen für griechischsprachige Lernende

***Für meine Mutter**, Ildikó,*
die bereits seit 23 Jahren mit großem Elan auf Zypern Deutsch unterrichtet. Danke für deine Ausdauer und Konsequenz bei unserer zweisprachigen Erziehung, dass du uns die Schönheiten der deutschen Sprache näher brachtest und für die motivierende Idee für dieses Buch.

***Für meinen Vater**, Marios,*
der zwar das Erlernen der deutschen Sprache bereits nach dem ersten Unterricht verzweifelt aufgab, jedoch in der Person seiner Enkelin nun neue Motivationsquellen fand.

***Nicht zuletzt für meinen Mann**, David,*
der unsere Kinder betreute während das vorliegende Werk entstand.

Melina Philippou

ΣΥΝΟΠΤΙΚΗ ΓΡΑΜΜΑΤΙΚΗ ΤΗΣ ΓΕΡΜΑΝΙΚΗΣ ΓΛΩΣΣΑΣ
για ελληνόφωνους μαθητές

Kurzgrammatik des Deutschen für griechischsprachige Lernende

Re Di Roma-Verlag

Bibliografische Information der Deutschen Nationalbibliothek:
Die Deutsche Nationalbibliothek verzeichnet diese Publikation in der Deutschen Nationalbibliografie; detaillierte bibliografische Daten sind im Internet über http://dnb.ddb.de abrufbar.

ISBN 978-3-86870-572-0

Umschlagillustration: DWerner / photocase.com

www.rediroma-verlag.de
13,95 Euro (D)

Πίνακας περιεχομένων

Λίστα γραμματικών όρων

Adjektiv, das / Pl. -e	το επίθετο
Adverb, das / Pl. -ien	το επίρρημα
Akkusativ, der / Pl. -e	η αιτιατική (πτώση)
Aktiv, das / Pl. -e	η ενεργητική φωνή
Alphabet, das / Pl. -e	το αλφάβητο
bestimmte Artikel, der / Pl. -	το οριστικό άρθρο
Buchstabe, der / Pl. -n	το γράμμα
Laut, der / Pl. -e	ο φθόγγος
Dativ, der / Pl. -e	η δοτική (πτώση)
Datum, das/ Pl. -en	η ημερομηνία
Deklination, die/ Pl. -en	η κλίση (ουσιαστικών)
Substantiv, das/ Pl. -e	το ουσιαστικό
feminin	θηλυκό
Fragesatz, der/ Pl. ¨-e	η ερωτηματική πρόταση
Fragewort, das/ Pl. ¨-er	η ερωτηματική λέξη
Futur I., das/ Pl. -e	ο απλός μέλλοντας
Futur II., das/ Pl. -e	ο συντελεσμένος μέλλοντας
Genetiv, der / Pl. -e	η γενική (πτώση)
Großschreibung, die / Pl. -en	η γραφή με κεφαλαίο
Imperativ, der / Pl. -e	η προστακτική
Indikativ, der / Pl. -	η οριστική
Infinitiv, der / Pl. -e	το απαρέμφατο
Kasus, der / Pl. -	η πτώση
Komparation, die / Pl. -en	τα παραθετικά επιθέτων
Komparativ, der / Pl. -e	ο συγκριτικός βαθμός
Konjugation, die/ Pl. -en	η κλίση (ρημάτων)
Konjunktiv, der / Pl. -e	η υποτακτική
maskulin	αρσενικό
Modalverb, das / Pl. -en	ρήμα έγκλισης
Neutrum, der / Pl. Neutra	ουδέτερο
Nominativ, der / Pl. -e	η ονομαστική (πτώση)

Passiv, das/ Pl. -e	η παθητική φωνή
Perfekt, das/ Pl. -e	ο παρακείμενος
Personalpronomen, das/ Pl. -mina	η προσωπική αντωνυμία
Plural, der/ Pl. -e	ο πληθυντικός αριθμός
Plusquamperfekt, das/ Pl. -e	ο υπερσυντέλικος
Positiv, der/ Pl. -e	ο θετικός βαθμός
Possessivpronomen, das/ Pl. -mina	η κτητική αντωνυμία
Präposition, die/ Pl. -en	η πρόθεση
Präteritum, das/ Pl. -a	ο παρατατικός
reflexives Verb, das /Pl. -en	το αυτοπαθές ρήμα
regelmäßiges Verb, das /Pl. -en	το ομαλό ρήμα
Relativpronomen, das/ Pl. -mina	η αναφορική αντωνυμία
Relativsatz, der/ Pl. -¨-e	η αναφορική πρόταση
Satz, der/ Pl. -e	η πρόταση
schwaches Substantiv, das/ Pl. -e	το αδύνατο ουσιαστικό
Singular, der/ Pl. -e	ο ενικός αριθμός
Superlativ, der/ Pl. -e	ο υπερθετικός βαθμός
Uhrzeit, die/ Pl. -en	η ώρα
Umlaut, der/ Pl. -e	τα διαλυτικά
unbestimmter Artikel, der/ Pl.-	το αόριστο άρθρο
unregelmäßiges Verb, das /Pl. -en	το ανώμαλο ρήμα
Verb, das /Pl. -en	το ρήμα
Vorgangspassiv, das/ Pl. -e	η παθητική φωνή διαδικασίας
Zeiten des Verbes (Pl.)	οι χρόνοι του ρήματος
Zustandspassiv, das/ Pl. -e	η παθητική φωνή κατάστασης

1. Το γερμανικό αλφάβητο: Γράμματα και φθόγγοι

Das deutsche Alphabet: Buchstaben und Laute

Το γερμανικό αλφάβητο περιέχει
- **9 φωνήεντα**: a, e, i, o, u, y, ä, ö, ü και
- **21 σύμφωνα**: b, c, d, f, g, h, j, k, l, m, n, p, q, r, s, ß, t, v, w, x, z.

Οι ήχοι ή καλύτερα φθόγγοι που παράγονται από τους ομιλητές μιας γλώσσας δεν πρέπει να συγχέονται με το σύστημα καταγραφής των ήχων και τη παράσταση τους με σύμβολα (γράμματα).

Το γερμανικό αλφάβητο:

Κεφαλαίο γράμμα	**Μικρό γράμμα**	**Προφορά**	**Παράδειγμα**
A	**a**	α	Anna
B	**b**	μπε	Benjamin
C	**c**	τσε	Cäcilia
D	**d**	ντε	Dorothea
E	**e**	ε	Elena
F	**f**	εφ	Fabian
G	**g**	γκε	Gabi
H	**h**	χα	Hans
I	**i**	ι	Irene
J	**j**	γιοτ	Jonas
K	**k**	κα	Kati
L	**l**	ελ	Lea
M	**m**	εμ	Melina
N	**n**	εν	Nora
O	**o**	ο	Otto
P	**p**	πε	Petra
Q	**q**	κου	Quinn
R	**r**	ερ	Robert
S	**s**	ες	Stephan
T	**t**	τε	Timo

U	u	ου	Uwe
V	v	φάου	Vater
W	w	βε	Walter
X	x	ιξ	Xenia
Y	y	ύψιλον	Ypsilon
Z	z	τσετ	Zoe
Ä	ä	τραβηγμένο ε	Äpfel
Ö	ö	*	Öl
Ü	ü	**	über
ß	ß	εσ-τσετ	Straße

Ορισμένοι φθόγγοι παριστάνονται με τον συνδυασμό δύο ή και περισσότερων γραμμάτων:

ch ➔ ich (χ)
sch➔ Schatz (αγγλ. wi<u>sh</u>)
tsch ➔ Tschüss! (αγγλ. whi<u>ch</u>)

ei➔ eins (άι)
ie ➔ nie (μακρύ ί)

Άσκηση

Μεταγράψτε τις ακόλουθες λέξεις στα γερμανικά
Transkribieren Sie die folgenden Wörter

αμπερ ______________
Αουτο ______________
Μπερλιν ______________
ερ κομμτ ______________
Καττσε ______________
Ξυλοπχον ______________

γκουτεν Ταγκ ______________
Μπλουμε ______________
Μέερτσ ______________
Χουντ ______________
Βασσερ ______________
Τσιμμερ ______________

* Η προφορά του φθόγγου /ö/ γίνεται πιο εύκολη όταν με τα χείλη σχηματίζουμε ένα /o/ και συγχρόνως προφέρουμε το φθόγγο /e/.
** Η προφορά του φθόγγου /ü/ γίνεται πιο εύκολη όταν με τα χείλη σχηματίζουμε ένα /u/ και συγχρόνως προφέρουμε το φθόγγο /e/.

2. Το αρχικό κεφαλαίο
Großschreibung

Με κεφαλαίο γράμμα γράφονται τα εξής:

1. Η πρώτη λέξη στην αρχή μιας πρότασης.
Όταν μετά από διπλή τελεία ακολουθεί ολόκληρη πρόταση, γράφεται η πρώτη λέξη με κεφαλαίο γράμμα.
π.χ. Bitte beachten Sie: Dieser Bus endet am Stadtpark.

2. Όλα τα κοινά ονόματα (συγκεκριμένα και αφηρημένα)
π.χ. der Tisch, Berlin, Andreas, die Uhr, der Berg, das Auto.
π.χ. die Gedanken, die Liebe, der Rhythmus, die Mathematik.

3. Ουσιαστικά με οριστικό άρθρο τα οποία προέρχονται από ρήματα
π.χ. essen - das Essen

4. Ουσιαστικά με αόριστο άρθρο τα οποία προέρχονται από ρήματα
π.χ. klopfen - ein Klopfen

5. Ρήματα τα οποία συνοδεύονται από ουσιαστικό συμπλήρωμα
π.χ. heftiges Klopfen, lautes Lachen, nettes Lächeln

6. Ρήματα γράφονται με κεφαλαίο όταν προηγείται μια πρόθεση ή αντωνυμία
π.χ. beim Essen, zum Schlafen, mit Faulenzen, sein Stöhnen, euer Warten

7. Επίθετα όταν προηγείται οριστικό ή αόριστο άρθρο
π.χ. das Neueste, die Schönste (**ΑΛΛΑ** die schönste Frau), das Gute, eine Hässliche, ein Rot

8. Επίθετα όταν προηγείται μια πρόθεση ή αντωνυμία

π.χ. im Dunklen, ins Schwarze, im Warmen
(**ΑΛΛΑ** im warmen Zimmer)

π.χ. meine Liebste (**ΑΛΛΑ** meine liebste Freundin)
dieser Kleine (**ΑΛΛΑ** dieser kleine Junge)

9. Επίθετα όταν προηγείται αόριστο αριθμητικό

π.χ. alles Gute, viel Schönes, nichts Besonderes, manches Böse

10. Η προσωπική και κτητική αντωνυμία όταν χρησιμοποιείται στον πληθυντικό ευγενείας (Στα γερμανικά ο πληθυντικός ευγενείας σχηματίζεται με το 3° πρόσωπο πληθυντικού (Sie)).

π.χ. Sie, Ihr, Ihre, Ihren, Ihnen κτλ.

11. Ουσιαστικοποιημένα τακτικά αριθμητικά

π.χ. Als Erstes erledigst du deine Hausaufgaben.
Ich kam als Vierter am Ziel an.

Άσκηση

Ποιες λέξεις γράφονται με κεφαλαίο;
Welche Wörter werden mit großem Anfangsbuchstaben geschrieben?

du	____	**immer**	____
hannover	____	**idee**	____
milch	____	**blau**	____
anna	____	**lesen**	____
februar	____	**heute**	____

3. Το οριστικό άρθρο(der/ die/ das)

Der bestimmte Artikel

Στα γερμανικά, όπως εξάλλου και στα ελληνικά, τα κύρια ονόματα διαθέτουν άρθρα τα οποία φανερώνουν τον αριθμό, την πτώση και το γένος του ουσιαστικού. Τα τρία άρθρα είναι το **der / die / das.**
Οι παρακάτω κανόνες θα σας βοηθήσουν να βρείτε το σωστό άρθρο που χρειάζεται ένα ορισμένο ουσιαστικό:

➔ Το αρσενικό οριστικό άρθρο (der)

Α΄ Τα εκ φύσεως αρσενικά ουσιαστικά

Ονόματα και χαρακτηρισμοί αρσενικών προσώπων:
π.χ. David, Tobias, Ingo
π.χ. der Vater (ο πατέρας), der Löwe

Επίσης:

Οι ώρες της ημέρας: der Morgen, der Abend, der Mittag **ΑΛΛΑ die** Nacht!

Οι μέρες της εβδομάδας: der Montag, der Dienstag, der Mittwoch κτλ.

Οι μήνες: der Januar, der Februar, der März, der April κτλ.

Οι εποχές: der Winter, der Frühling κτλ.

Τα σημεία του ορίζοντα: der Norden, der Süden κτλ.

Μάρκες αυτοκινήτων: der Volkswagen, der Mercedes κτλ.

Αλκοολούχα ποτά: der Wein, der Sekt, der Cognac, der Likör **ΑΛΛΑ das** Bier!

B΄ Σύμφωνα με την κατάληξη

1. -ig, -ich	der Honig, der Teppich
2. -er, -ler, -ner	der Arbeiter, der Künstler, der Pförtner
3. -ling	der Säugling
4. -ar, -är	der Kommentar, der Sekretär
5. -ent, -eur	der Student, der Friseur
6. -or, -ist	der Doktor, der Jurist
7. -ismus	der Tourismus
8. -ant	der Praktikant

➔ **Το θηλυκό οριστικό άρθρο** (die)

Α΄ Τα εκ φύσεως θηλυκά ουσιαστικά

Ονόματα και χαρακτηρισμοί θηλυκών προσώπων:
π.χ. die Sabine, die Susi
π.χ. die Mutter, die Frau, die Löwin
ΑΛΛΑ das Mädchen, **das** Fräulein

Επίσης:

Πολλά ονόματα ποταμών:
π.χ. die Donau, die Elbe
ΑΛΛΑ der Rhein, **der** Main, **der** Nil!

Ονόματα πλοίων:
die Titanic, die Otto Hahn, die Queen Mary κτλ.

Τα περισσότερα δένδρα, άνθη και καρποί:
π.χ. die Birke, die Kiefer, die Rose, die Tulpe, die Birne, die Banane
ΑΛΛΑ der Apfel

Β΄ Σύμφωνα με την κατάληξη

1. -in	die Lehrerin
2. -heit, -keit	die Freiheit, die Möglichkeit
3. -schaft	die Freundschaft
4. -ung	die Werbung
5. -ei	die Druckerei
6. -ie, -ik, -ion	die Chemie, die Politik, die Revolution
7. -age, -euse	die Reportage, die Fritteuse
8. -anz, -enz	die Distanz, die Intelligenz
9. -tät	die Universität
10. -ur	die Natur
11. -e	die Tasche **ΑΛΛΑ der** Junge, **der** Name
12. -t	die Fahrt

➔ **Το ουδέτερο οριστικό άρθρο** (das)

Α΄ Σύμφωνα με τη σημασία

Λέξεις οι οποίες χαρακτηρίζουν απογόνους ανθρώπων ή ζώων: π.χ.
das Kind, das Kalb, das Küken κτλ.

Ονόματα τα οποία δεν δείχνουν γένος:
π.χ. das Schwein (ούτε ο χοίρος, ούτε η γουρούνα), das Pferd (ούτε η φοράδα, ούτε το άτι)

Ονομασίες πόλεων και χωριών αν συνοδεύονται από άρθρο και επίθετο:
π.χ. das alte Athen, das laute Berlin κτλ.

Οι ήπειροι αν συνοδεύονται από άρθρο και επίθετο:
π.χ. das große Afrika, das alte Europa κτλ.

Οι περισσότερες χώρες αν συνοδεύονται από άρθρο:
π.χ. das schöne Italien, das sonnige Griechenland **ΑΛΛΑ der** Sudan, **der** Libanon, **die** Schweiz, **die** Europäische Union, **die** US Staaten, **die** Niederlande

Ουσιαστικά σε –en, τα οποία προέρχονται από απαρέμφατα ρημάτων:
π.χ. das Lesen, das Essen, das Spielen, das Trinken

Γενικοί όροι που αρχίζουν με Ge-: das Gemüse, das Gebirge κτλ.

Β΄ Σύμφωνα με την κατάληξη

1. -chen, -lein	das Häuschen, das Fräulein
2. -nis	das Gedächtnis
3. -tum	das Königtum **ΑΛΛΑ der** Irrtum
4. -ett	das Ballett
5. -ment	das Parlament, das Dokument **ΑΛΛΑ der** Moment
6. -um	das Gymnasium

Ασκήσεις

1. Ποιο άρθρο χρειάζεται η κάθε λέξη;
Welcher Artikel ist richtig?

_ Vater	_ Lehrer	_ Bleistift	_ Zimmer
_ Tisch	_ Lehrerin	_ Hose	_ Stuhl
_ Katze	_ Auto	_ Visum	_ Tochter
_ Kind	_ Fahrrad	_ Buch	_ Tür
_ Freiheit	_ Junge	_ Formular	_ Lampe
_ Bett	_ Schule	_ Küche	_ Mann

2. Συμπληρώστε τα κενά!
Ergänzen Sie die Lücken!

____ Opa und ____ Oma kochen in der Küche.
____ Schreibtisch in meinem Zimmer ist neu.
____ Tag hat 24 Stunden.
____ Lehrerin erklärt uns die Hausaufgaben.
____ Schülerin passt nicht auf.
____ Brötchen ist schon alt und trocken.
____ Löwe ist gefährlich.
____ Buch ist interessant.
____ neue Matratze ist weich.

4. Το αόριστο άρθρο η αόριστη αντωνυμία
Der unbestimmte Artikel und das Indefinitpronomen

Αόριστα άρθρα χρησιμοποιούμε όταν αναφερόμαστε σε άγνωστα ή / και αόριστα πρόσωπα, ζώα και αντικείμενα.
Τα αόριστα άρθρα στα γερμανικά είναι το *ein, eine, ein* ή ανάλογα με την λειτουργία τους στην πρόταση *einer, eine, eins*.
Το αόριστο άρθρο **δεν** διαθέτει πληθυντικό αριθμό.

1. Ας πάρουμε για παράδειγμα μια ελλειπτική πρόταση η οποία αποτελείται από ένα αόριστο άρθρο και ένα ουσιαστικό. **Π.χ.** *Ein Vater.* Στην επόμενη πρόταση το άρθρο μαζί με το ουσιαστικό μπορούν να αντικατασταθούν από μια αόριστη αντωνυμία. Σ΄ αυτή την περίπτωση το αόριστο άρθρο **ein** παίρνει την κατάληξη του οριστικού άρθρου του ουσιαστικού που συνοδεύει.
Π.χ. Hier steht ein Schreibtisch. Da steht auch ein**er**. (=d**er** Schreibtisch)

οριστικό άρθρο	**αόριστο άρθρο**	**αόριστη αντωνυμία**
der Vater	ein Vater	einer
die Mutter	eine Mutter	eine
das Kind	ein Kind	eins
Πληθυντικός		
die Väter/ Mütter/Kinder	--------------	--------------

Η αόριστη αντωνυμία κλίνεται ως εξής:

	der	**die**	**das**	
Ενικός Singular	**Αρσενικό** Maskulin	**Θηλυκό** Feminin	**Ουδέτερο** Neutrum	**Πληθυντικός** Plural
Ονομαστική Nominativ	einer	eine	ein(e)s	-----
Αιτιατική Akkusativ	einen	eine	ein(e)s	-----
Δοτική Dativ	einem	einer	einem	-----
Γενική Genetiv	eines -s	einer	eines -s	-----

2. Όταν η αόριστη αντωνυμία, η οποία αντικαθιστά το αόριστο άρθρο και το ουσιαστικό, έχει στην προηγούμενη πρόταση αρνητική σημασία (**π.χ.** κανείς, ουδείς), τότε η αόριστη αντωνυμία σχηματίζεται με την πρόσθεση του /k/ = **kein**.

οριστικό. άρθρο	**αόριστο άρθρο**	**αόριστη αντωνυμία**
der Vater	kein Vater	keiner
die Mutter	keine Mutter	keine
das Kind	kein Kind	keines
Πληθυντικός		
die Väter/ Mütter/Kinder	keine Väter κτλ.	keine

Η αόριστη αντωνυμία στην αρνητική της μορφή κλίνεται ως εξής:

	der	**die**	**das**	**-----**
Ενικός Singular	**Αρσενικό** Maskulin	**Θηλυκό** Feminin	**Ουδέτερο** Neutrum	**Πληθυντικός** Plural
Ονομαστική Nominativ	keiner	keine	kein(e)s	keine
Αιτιατική Akkusativ	keinen	keine	kein(e)s	keine
Δοτική Dativ	keinem	keiner	keinem	keinen
Γενική Genetiv	keines -s	keiner	keines -s	keiner

3. Όταν στην πρόταση δεν υπάρχει αόριστο άρθρο και το ουσιαστικό βρίσκεται στον πληθυντικό αριθμό, τότε στην επόμενη πρόταση μπορεί να χρησιμοποιηθεί η αόριστη αντωνυμία **welche**.
Άρθρα και αντωνυμίες χρησιμοποιούνται τόσο για αντικείμενα, όσο και για πρόσωπα. Μόνο για αντικείμενα και μόνο στον ενικό αριθμό χρησιμοποιείται η λέξη **etwas** (= κάτι).

Ich habe *etwas* für Sie.
Meine Mutter will heute *etwas* Gutes kochen.

Η αρνητική μορφή της λέξης etwas, η οποία χρησιμοποιείται επίσης μόνο στον ενικό αριθμό είναι το **nichts**.

Ich schenke ihm *nichts* zum Geburtstag.
Mit *nichts* kann man *nichts* kaufen.
In dieser Stadt gibt es *nichts* Interessantes.

Άσκηση

Βρείτε το σωστό αόριστο άρθρο των παρακάτω λέξεων
Ergänzen Sie die richtigen unbestimmten Artikel

____ Vater
____ Tisch
____ Katze
____ Kind
____ Idee
____ Bett
____ Lehrer
____ Lehrerin
____ Auto
____ Fahrrad
____ Junge

____ Schule
____ Bleistift
____ Hose
____ Visum
____ Buch
____ Formular
____ Küche
____ Zimmer
____ Stuhl
____ Tochter
____ Wohnung

5. Η κλίση των ουσιαστικών
Die Deklination der Substantive

Ουσιαστικά αποτελούν ένα από τα κλιτά μέρη του λόγου τα οποία φανερώνουν πρόσωπο, ζώο, πράγμα, κατάσταση ή ενέργεια.

Τα ουσιαστικά διακρίνονται γενικά στις ακόλουθες κατηγορίες:

Α΄ Κύρια ονόματα, είναι αυτά που αναφέρονται σε συγκεκριμένα πρόσωπα, ζώα, πράγματα, περιστατικά, (**π.χ.** Anna (Άννα), Freitag (Παρασκευή), Ostern (Πάσχα), Dezember (Δεκέμβριος)).

Β΄ Κοινά ονόματα τα οποία χωρίζονται σε **συγκεκριμένα ουσιαστικά** αυτά δηλ. που περιγράφουν ένα συγκεκριμένο είδος (σύνολο ομοειδών) πραγμάτων, (**π.χ.** άνθρωπος, λουλούδι,) και **αφηρημένα ουσιαστικά,** ουσιαστικά δηλ. που αναφέρονται σε μια ιδιότητα ή κατάσταση, (**π.χ.** Freude (χαρά), Freiheit (ελευθερία), Idee (ιδέα)).

Τα ουσιαστικά στα γερμανικά διαθέτουν:

- **3 γένη**: αρσενικά
  θηλυκά
  ουδέτερα

- **Ενικό και πληθυντικό** αριθμό

- **4 πτώσεις:** **Nominativ** (ονομαστική)
  Akkusativ (αιτιατική)
  Dativ (δοτική)
  Genetiv (γενική)

Κλίση των ομαλών ουσιαστικών γίνεται ως εξής:

Ενικός	**Αρσενικά**	**Θηλυκά**	**Ουδέτερα**
Ονομαστική Nominativ	der Vater	die Mutter	das Kind
Αιτιατική Akkusativ	den Vater	die Mutter	das Kind
Δοτική Dativ	dem Vater	der Mutter	dem Kind
Γενική Genetiv	des Vaters	der Mutter	des Kindes
Πληθυντικός			
Ονομαστική Nominativ	die Väter	die Mütter	die Kinder
Αιτιατική Akkusativ	die Väter	die Mütter	die Kinder
Δοτική Dativ	den Vätern	den Müttern	den Kindern
Γενική Genetiv	der Väter	der Mütter	der Kinder

Η κλίση των αδύνατων ουσιαστικών
Die Deklination der schwachen Substantive

Αδύνατα ουσιαστικά θεωρούνται τα ακόλουθα:

1. Ουσιαστικά αρσενικού γένους με κατάληξη –e

α) Ζώα: der Affe, der Löwe, der Rabe

β) Πρόσωπα:der Junge, der Knabe, der Neffe, der Kollege, der Kunde, der Zeuge

γ) Εθνικότητες: der Bulgare, der Franzose, der Pole, der Finne

δ) Ουσιαστικά με κατάληξη –oge
der Biologe, der Geologe, der Psychologe, der Pädagoge

2. Ουσιαστικά που λήγουν σε σύμφωνο

α) der Automat, der Diamant, der Konsonant, der Patient

β) der Mensch, der Held, der Graf, der Prinz

γ) Ξένες λέξεις με κατάληξη:

-ant	der Laborant, der Emigrant
- at	der Demokrat, der Soldat
- ent	der Student, der Präsident
- ist	der Jurist, der Journalist
- nom	der Agronom, der Ökonom

Προσοχή όμως!

der Herr

↙ ↘

Singular: -
der Herr

Plural: -en
die Herren

Η κλίση των αδύνατων ουσιαστικών γίνεται ως εξής

	Ενικός	Πληθυντικός
Ονομαστική	Löwe	Löwen
Αιτιατική	Löwe-n	Löwen
Δοτική	Löwe-n	Löwen
Γενική	Löwe-n	Löwen
	Κατάληξη : -n	Κατάληξη : -n
Ονομαστική	------------	------------n
Αιτιατική	------------n	------------n
Δοτική	------------n	------------n
Γενική	------------n	------------n

Συνοπτικός πίνακας:
Η κλίση των οριστικών / αόριστων άρθρων και ουσιαστικών
Deklination des bestimmten / unbestimmten Artikels sowie der Substantive

Ενικός **Singular**	**Αρσενικά** Maskulin	**Θηλυκά** Feminin	**Ουδέτερα** Neutrum	**Πληθυντικός** **Plural**
Ονομ. Nom. wer? was?	der Vater **ein/ kein**	die Mutter **eine/ keine**	das Kind **ein/ kein**	die Väter, Mütter Kinder **--- / keine**
Αιτ. Akk. wen? was?	**den** Vater **einen** / **keinen**	die Mutter eine/ keine	das Kind ein / kein	die Väter, Mütter Kinder **---- / keine**
Δοτ. Dat. wem?	**dem** Vater **einem**/ keinem	**der** Mutter **einer**/ keiner	**dem** Kind **einem**/ keinem	**den** Vätern Müttern Kindern **---/ keinen**
Γεν. Gen. wessen?	**des** Vaters eines/ keines	**der** Mutter **einer**/ keiner	**des** Kindes eines/ keines	**der** Väter, Mütter, Kinder **--- / keiner**

6. **Προσωπικές αντωνυμίες**
Personalpronomen

Αντωνυμίες είναι μέρη του λόγου, που χρησιμοποιούνται αντί ονομάτων. Οι *προσωπικές αντωνυμίες* αντικαθιστούν τα τρία πρόσωπα του λόγου στον ενικό και στην πληθυντικό αριθμό. (ich, du, er/ sie/ es, wir, ihr, sie/ Sie).

π.χ. Maria ist meine Nachbarin. *Sie* ist 15 Jahre alt.

Ενικός	**Ονομαστική**	**Αιτιατική**	**Δοτική**
	wer (ποιος)	**wen** (ποιον)	**wem** (με/ σε ποιον)
	ich	mich	mir
	du	dich	dir
	er / sie/ es	ihn/ sie/ es	ihm/ ihr/ ihm
Πληθυντικός	wir	uns	uns
	ihr	euch	euch
	sie / Sie	sie / Sie	ihnen /Ihnen

Ασκήσεις

1. Συμπληρώστε τα κενά!
Ergänzen Sie!

Ich nehme einen Kaffee. Und...

… für dich, mein Schatz? Für mich einen Tee ohne Zucker. (Αιτιατική)
…für Andreas? Für .... eine Cola.
…für Monika? Für .... eine Tasse Tee.
…für euch? Für .... einen Orangensaft.
…für Sie Frau Christou? Für .... ein Glas Apfelsaft, bitte.
…für Georg und Anna? Für .... Grapefruitsaft und Milch.
…für uns? Für .... Espresso und Cappuccino.
…für mich? Für .... eine Portion Eis.

2. Συμπληρώστε τα κενά με τις μορφές τις προσωπικής αντωνυμίας!
Ergänzen Sie die Lücken mit den Personalpronomen!

Es gefällt *mir* sehr gut. (Δοτική)
Er gibt .... eine Blume.
Sie antwortet .... nicht.
Du sagst .... immer die Wahrheit.
Er zeigt .... ein Bild.
Sie kauft .... zwei Äpfel.
Der Verkäufer empfiehlt .... eine moderne Jacke.

3α. Συμπληρώστε τα κενά!
Ergänzen Sie!

Das Paket ist für Andreas.	Es gehört also **ihm**. (Δοτική)
Das Paket ist für Elisa.	Es gehört also ....
Das Paket ist für dich.	Es gehört also ....
Das Paket ist für uns.	Es gehört also ....
Das Paket ist für die Kinder.	Es gehört also ....
Das Paket ist für euch.	Es gehört also ....
Das Paket ist für den Direktor.	Es gehört also ....
Das Paket ist für Sie.	Es gehört also ....

3β. (Δοτική)

Der Gast möchte eine Cola.	Ich bringe .... eine.
Maria möchte eine Schokolade.	Ich kaufe .... eine.
Die Touristen möchten ein Taxi.	Ich bestelle .... eins.
Georg möchte zum Geburtstag eine CD.	Ich schenke ...... eine.
Die Dame möchte einen Kaffee.	Ich bringe .... einen.

Herr und Frau Knubel möchten ein Souvenir kaufen.
Die Verkäuferin zeigt .... viele Souvenirs.
Fräulein Schmidt möchte ein Einzelzimmer buchen.
Der Rezeptionist zeigt .... eins.
Die Gäste möchten etwas essen. Der Kellner empfiehlt ..... Moussaka.
Herr Braun möchte einen Ouzo. Der Barmann gibt .... einen.
Peter liebt Monika. Er kauft .... einen Ring.

7. Κτητικές αντωνυμίες
Possessivpronomen

Κτητικές λέγονται οι αντωνυμίες οι οποίες φανερώνουν σε ποιον ανήκει κάτι. Οι κτητικές αντωνυμίες χωρίζονται ανάλογα με το γραμματικό γένος σε τρία πρόσωπα στον ενικό αριθμό.

Π.χ. Ich heiße Anna. *Mein* Mann kommt aus Griechenland. *Meine* große Tochter spricht Griechisch und Deutsch aber *mein* anderes Kind versteht nur Deutsch.

Ενικός Singular	**Αρσενικά** Maskulin	**Θηλυκά** Feminin	**Ουδέτερα** Neutrum	**Πληθυντικός Plural**
Ονομ. Nom. **wer? was?**	der Vater **mein** **ein/ kein**	die Mutter **meine** **eine/ keine**	das Kind **mein** **ein/ kein**	die Väter, Mütter Kinder **meine** **---/ keine**
Αιτ. Akk. **wen? was?**	**den** Vater **meinen** **einen / keinen**	die Mutter meine eine/ keine	das Kind mein ein / kein	die Väter, Mütter Kinder **meine** **---/ keine**
Δοτ. Dat. **wem?**	**dem** Vater **meinem** **einem/ keinem**	**der** Mutter **meiner** **einer/ keiner**	**dem** Kind **meinem** **einem/ keinem**	**den** Vätern Müttern Kindern **meinen** **---/ keinen**
Γεν. Gen. **wessen?**	**des** Vaters **meines** **eines/ keines**	**der** Mutter **meiner** **einer/ keiner**	**des** Kindes **meines** **eines/ keines**	**der** Väter, Mütter, Kinder **meiner** **---/ keiner**

Η κλίση των κτητικών αντωνυμιών

	Αρσενικό π.χ. Vater	Θηλυκό π.χ. Mutter	Ουδέτερο π.χ. Kind	Πληθυντικός π.χ. Kinder
Nominativ Ονομαστική **wer?**	mein dein sein ihr sein unser euer ihr/ Ihr	meine deine seine ihre seine unsere eure ihre/ Ihre	mein dein sein ihr sein unser euer ihr/ Ihr	meine deine seine ihre seine unsere eure ihre/ Ihre
Akkusativ Αιτιατική **wen?**	meinen deinen	meine deine ...	mein dein ...	meine deine ...
Dativ Δοτική **wem?**	meinem deinem	meiner deiner	meinem deinem	meinen -n deinen -n ...
Genetiv Γενική **wessen?**	meines - s deines -s	meiner deiner ...	meines - s deines -s	meiner deiner ...

Ασκήσεις

Συμπληρώστε τα κενά με τη σωστή κτητική ανωνυμία!

Ergänzen Sie die Lücken mit den richtigen Possessivpronomen!

1.

Das ist __________ Haus. (ER)
Das ist __________ Tisch. (IHR)
Das ist __________ Tante. (SIE -1 Person)
Das ist __________ Blume. (ICH)
Das ist __________ Fernseher. (ES)
Das ist __________ Buch. (WIR)
Das ist __________ Handy. (DU)

Das ist __________ Auto. (SIE –viele Personen)
Das ist __________ Jacke. (ER)
Das ist __________ Kugelschreiber. (ES)
Das ist __________ Kaffee. (WIR)
Das ist __________ Decke. (DU)
Das ist __________ Tür. (ICH)

Das ist __________ Straßenbahn. (IHR)

Das ist __________ Schuh. (SIE – 1 Person)

Das ist __________ Glas. (ES)

Das ist __________ Rose. (SIE – viele Personen)

2.

Ihr erzählt oft von _______ Reise nach Griechenland.
Er telefoniert mit _______ Mutter.
Niklas schreibt _______ Freund eine E-Mail.
Vergessen Sie _______ Rückgeld nicht!
Meine Tochter findet _______ Puppe nicht.
Der Mann parkt _______ Auto in die Garage.
Ihr habt _______ Bücher vergessen.
Haben Sie _______ Hausaufgaben gemacht?
_______ Jacke hat einen Fleck. Ich muss damit in die Reinigung.
Hallo Jan! _______ Garten ist immer so schön ordentlich!
_______ Name ist Anna. Sie ist eine gute Freundin von mir.
Ich habe _______ Bruder zum Geburtstag ein Buch geschenkt.

3.

Ich habe _______ Weihnachtsferien mit _______ Familie in Griechenland verbracht. _______ Bruder und _______ Schwester sind mit _______ Fahrrädern zu _______ Großeltern gefahren. Sie haben einen großen Hund. _______ Hund heißt Bello und er ist ein sehr schöner Hund. _______ Cousins und Cousinen waren auch jeden Tag da und _______ Bruder hat oft mit _______ Ball gespielt. _______ Schwester gefiel das natürlich nicht, sie spielte lieber mit _______ Freundinnen oder mit _______ Puppen.
Ich bin am Wochenende mit _______ Auto auch da hingefahren. Dort hat bereits _______ Brief auf mich gewartet.

8. Αναφορικές αντωνυμίες – Αναφορικές προτάσεις
Relativpronomen - Relativsätze

Αναφορικές αντωνυμίες λέγονται οι αντωνυμίες με τις οποίες μια ολόκληρη πρόταση αποδίδεται σε μια λέξη.
Η αναφορική αντωνυμία αντιπροσωπεύει το ουσιαστικό ή την αντωνυμία στο οποίο/ στην οποία αναφέρεται και παίρνει τον τύπο κλίσης που πρέπει να πάρει ως μέλος της πρότασης. Η αναφορική αντωνυμία έχει το ίδιο γένος με το ουσιαστικό ή την αντωνυμία στην οποία αναφέρεται/ αποδίδεται.

1.

	Αρσενικά Maskulin	**Θηλυκά Feminin**	**Ουδέτερα Neutrum**	**Πληθυντικός Plural**
Nominativ Ονομαστική	der Vater, der …	die Mutter, die …	das Kind, das …	die Kinder, die …
Akkusativ Αιτιατική	den Vater, den …	die Mutter, die …	das Kind, das …	die Kinder, die …
Dativ Δοτική	dem Vater, dem …	der Mutter, der …	dem Kind, dem …	den Kindern, den +en …
Genetiv Γενική	des Vaters, des +**sen** …	der Mutter, der +**en** …	des Kindes, des+**sen** …	der Kindern, der +**en** …

2. …., wer (der/ die/ das) …., was

3. …., welcher …. , welche …., welches

4. wo, woher, wohin, womit, …

Παραδείγματα

Kennst du den Mann, der dort wohnt?
Gib mir das Buch, das auf dem Tisch liegt!
Siehst du die Frau, die da wartet?

Hier ist der Brief, **den**	}	
die Adresse, **die**	}	du gesucht hast.
das Heft, **das**	}	

Kennst du **den Mann, mit dem**	}	
die Frau, mit der	}	ich gesprochen habe?
das Kind, mit dem	}	

Kennen Sie den Mann, **der** mich gestern besucht hat?
(**Der Mann** hat mich gestern besucht.)

Der Mann, **den** du gesehen hast, wohnt nicht mehr hier.
(Du hast **den Mann** gesehen.)

Dort steht das Haus, **dessen** Bild ich dir gezeigt habe.
(Das Bild **des Hauses** habe ich dir gezeigt.)

Αναφορικές προτάσεις

Relativsätze

kauft ein **ist 40 Jahre alt**

1. α) Die Frau kauft ein.
… ist 40 Jahre alt.

Nominativ

β) **Die** Frau, **die** 40 Jahre alt ist, kauft ein.

Akkustativ

2. α) Der Mann kauft ein.
Ich sehe **den** Mann.

β) Der Mann, **den** ich sehe, kauft ein.

Dativ

3. α) Das Kind kauft ein.
Ich gebe **dem** Kind das Geld.

β) Das Kind, **dem** ich das Geld gebe, kauft ein.

Genetiv

4. α) Die Frau kauft ein.
Ich kenne **deren** Tochter.

β) Die Frau, **deren** Tochter ich kenne, kauft ein.

Ασκήσεις

1. Συμπληρώστε τα κενά!
Ergänzen Sie die Lücken!

- Das sind die Frauen, ______ so schön singen.
- Der neue Wagen, ______ er gestern gekauft hat, ist blau.
- Wo ist der Kuchen, ______ du gebacken hast?
- Die Dame, ______ einen grünen Mantel trägt, ist meine Oma.
- Das ist das Buch, ______ ich ihm schenken werde.
- Wo ist die Tasche, ______ er umtauschen will?
- Das ist der Baum, ______ Giorgos verpflanzt hat.

2. Γράψετε αναφορικές προτάσεις όπως στο παράδειγμα!
Bilden Sie Relativsätze wie im Beispiel!

- *Das ist das Buch. Das sollten alle lesen.*
- *Das ist das Buch, das alle lesen sollten.*

- Das ist die Dame aus Athen. Du hast sie noch nicht kennen gelernt.

____

- Die Aufgaben sind schwer. Sie müssen bis morgen fertig sein.

____

- Ich kenne den Mann. Der Mann steht vor dem blauen Haus.

____

- Ich kaufe dem Kind ein Eis. Das Kind ist artig.

____

- Der Koch ist neu. Seine Gerichte sind lecker.

____

9. Προθέσεις
Präpositionen

Α΄ Προθέσεις με αιτιατική ή δοτική (Wechselpräpositionen)

Wo? + Dativ (πού; + δοτική)		**Wohin ? + Akkusativ** (για/ προς τα πού; + αιτιατική)
	in (μέσα)	
	an (πάνω ή κοντά σε)	
	auf (πάνω)	
stehen (στέκομαι)	**unter** (κάτω)	**stellen** (τοποθετώ κάθετα)
hängen (κρέμομαι)	**über** (πάνω από)	**hängen** (κρεμάω)
liegen (είμαι ξαπλωμένος)	**vor** (μπροστά)	**legen** (τοποθετώ οριζόντια)
sitzen (κάθομαι)	**hinter** (πίσω)	**setzen** (sich) (κάθομαι)
stecken (βρίσκομαι μέσα)	**neben** (δίπλα)	**stecken** (τοποθετώ)
sein (είμαι)	**zwischen** (ανάμεσα)	**tun** (κάνω)

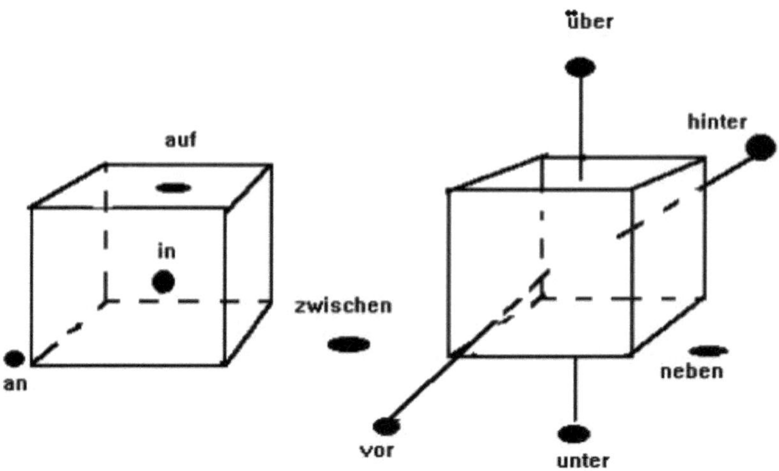

WOHIN? + ***Αιτιατική***	**WO? +** ***Δοτική***
(Πράξη, ενέργεια, κίνηση, μετακίνηση)	(Αποτέλεσμα μιας πράξης, θέση, τοποθεσία)
Ich lege das Buch **auf** den Tisch.	*Das Buch* liegt **auf** dem Tisch.
Ich stelle das Radio **auf** den Tisch.	*Das Radio* steht **auf** dem Tisch.
Ich hänge das Kleid **in** den Schrank.	*Das Kleid* hängt **in** dem Schrank.
Ich hänge die Lampe **über** den Tisch.	*Die Lampe* hängt **über** dem Tisch.
Ich stelle die Vase **vor** das Radio.	*Die Vase* steht **vor** dem Radio.
Ich hänge das Bild **an** die Wand.	*Das Bild* hängt **an** der Wand.
Ich tue meine Schuhe **unter** den Stuhl.	*Meine Schuhe* sind **unter** dem Stuhl.
Ich lege die Kassette **neben** die Vase.	*Die Kassette* liegt **neben** der Vase.
Ich lege den Brief **zwischen** die Bücher.	*Der Brief* liegt **zwischen** den Büchern.
Ich lege den Ball **hinter** den Schrank.	*Der Ball* liegt **hinter** dem Schrank.
Ich setze mich auf den Stuhl.	*Ich* sitze **auf** dem Stuhl.

Β΄ Προθέσεις με *Wohin* (πού; προς τα πού;)

α. Ονομασίες χωρών όταν χρησιμοποιούνται με άρθρο

-Wir fahren… **in die** Schweiz/ **in die** Slowakei/ **in die** Tschechische Republik/ **in die** Türkei/ **in die** Mongolei/ **in die** USA/ **in den** Irak κτλ.

Με όλες τις υπόλοιπες χώρες και πόλεις χρησιμοποιείται η πρόθεση **nach** (χωρίς άρθρο).

β. Χώροι, τοποθεσίες και περιοχές όπου σκοπεύουμε να μείνουμε για μεγάλο χρονικό διάστημα. Π.χ.

- Wir gehen… **in die** Küche / **in den** Garten / **ins** Büro / **ins** Café
- Wir fahren… **ins** Theater/ **in den** Hof/ **ins** Geschäft/ **ins** Bad/ **in die** Mensa/ **in den** Park

γ. Χώροι, τοποθεσίες και περιοχές όπου σκοπεύουμε να μείνουμε για ένα μικρό χρονικό διάστημα. Π.χ.

-Wir fahren…**zur** Bank / **zur** Post / **zum** Bahnhof / **zum** Hafen / **zum** Flughafen

δ. Μέσα μεταφοράς (στάσεις λεωφορείων, τρένων κτλ.)

- Wir gehen **zur** Haltestelle/ **zur** Bahn / **zum** Bus / **zur** Straßenbahn / **zum** Taxistand

ε. Δραστηριότητες

- Wir gehen **zur** Arbeit / **zu einer** Besprechung / **zu einem** Empfang / **zum** Essen / **zur** Vorlesung

στ. Άτομα

I. Ονόματα, κοντινοί συγγενείς (χωρίς άρθρο)

-Wir gehen zu Rolf / zu Eva / zu Herrn Benz / zu Frau Ledig

II. Επαγγέλματα, συγγένεια (με άρθρο Artikel), πρόσωπα

-Wir gehen zum (=zu dem) Arzt/ zum Friseur/ zu deinem Mann

Γ΄ Προθέσεις με *wo* (πού; πού βρίσκεται…;)

	χωρίς άρθρο	**με άρθρο**
ist:	links, in Berlin	**in der** Schweiz, **in der** Wohnung, **in der** Fabrik, **in der** Schule κτλ.
lebt:	**in** Afrika, **in** Athen	**in den** USA, **in dem** Zimmer, **in der** Türkei κτλ.
ist:	**auf** Kreta, **auf** Zypern	**auf der** Arbeit, **auf der** Straße
es klopft:	**------**	**an der** Tür
wohnen:	**bei** Jonas	**bei dem** Vater, **bei einem** Freund

Προσοχή!

bei + dem ➔ beim
von + dem ➔ vom
in + dem ➔ im
zu + dem ➔ zum

zu + der ➔ zur

Ασκήσεις

1. Απαντήστε!
Antworten Sie!

Wo sind die Kinder?	- in: die Schule, der Garten
Wohin fahren Sie?	- in: die Schule, der Wald
Wo arbeitet ihr?	- in: das Hotel, die Küche
Wohin gießt du das Wasser?	- in: die Flasche, das Glas
Wo tanzt ihr?	- in: die Diskothek, das Wohnzimmer
Wo spielt er?	- in: der Park, die Stadt
Wohin bringst du das Essen?	- in: die Küche, der Keller

2. Συμπληρώστε!
Ergänzen Sie!

Wir sind .... Restaurant gegangen und wollten uns .... Tisch setzen. Aber wir konnten uns nicht Tisch setzen denn er war schon besetzt. .... Fenster war noch Platz und wir haben uns .... Fenster gesetzt.Der Kellner hat uns das Essen gebracht und er hat es ....Tisch gestellt.

3. Απαντήστε όπως στο παράδειγμα!
Antworten Sie!

Παράδειγμα:
Stellen Sie den Koffer in die Ecke! *Er steht schon in der Ecke.*

- Legen Sie das Buch auf den Tisch! ....
-Stellen Sie den Koffer auf den Boden! ....
-Setzen Sie sich auf den Stuhl! ....
-Hängen Sie das Bild an die Wand! ....
- Stellen Sie den Kaffee auf den Tisch! ....

4. Wo wohnen Sie?

.... Stadt, ... Frühlingstraße, ... Land, ... Schweiz, ... Griechenland

5. Συμπληρώστε! Αιτιατική ή δοτική;
Ergänzen Sie! Akkusativ oder Dativ ?

an, auf, in, unter, über, vor, zwischen, neben, hinter?

1. Der Fernseher steht .... d......... Tisch.
2. Ich lege die Zeitung .... d......... Schrank.
3. Er stellt die Vase .... d......... Buch.
4. Das Bild hängt .... d......... Wand.
5. Das Auto steht .... d......... Haus.
6. Das Buch stelle ich .... d........ Tisch.
7. Den Stuhl stellst du .... d......... Fenster .
8. Der Brief liegt .... d .... Büchern.
9. Die Lampe hängen wir .... d .... Vase.
10. Meine Schuhe sind .... d .... Schrank.
11. Den Brief tust du .... d......... Schrank.
12. Ich gehe jetzt .... d......... Hotel.

6. Συμπληρώστε! (mich, dich,.... meinen, meine ...)
Ergänzen Sie!

1. Ist das Geschenk für .... Bruder?
   Ja, es ist für .... (er)

2. Bist du ohne .... Freundin gekommen?
   Ja, ohne .... (sie)

3. Spielt er heute Tennis gegen Peter?
   Ja, gegen .... (er)

4. Ist die Hose für ....? (ich)
   Ja, für .... (du)

5. Für wen ist der Kaffee? Für ....? (ihr)
   Ja, für .... (wir)

Προθέσεις και ρήματα με αιτιατική / δοτική / γενική
Präpositionen und Verben mit Akkusativ / Dativ / Genetiv

Στα γερμανικά τα ρήματα χρειάζονται συχνά μια ορισμένη πτώση. Παρακάτω θα βρείτε τα πιο συνηθισμένα ρήματα και προθέσεις για την κάθε πτώση.

Α΄ Προθέσεις ρήματα με αιτιατική
Präpositionen und Verben mit Akkusativ

α. Προθέσεις

durch (μέσω/μέσα από), **für** (για), **ohne** (δίχως), **gegen** (κατά/ εναντίον), **um** (γύρω/κατά), **bis** (μέχρι), **entlang** (κατά μήκος)

β. Ρήματα

es gibt (υπάρχει/έχει), **haben** (έχω), **anrufen** (παίρνω τηλέφωνο), **essen** (τρώω), **machen** (κάνω), **trinken** (πίνω), **bekommen** (παίρνω/λαμβάνω), **finden** (βρίσκω), **lesen** (διαβάζω), **suchen** (ψάχνω), **erstellen** (συντάσσω/ κατασκευάζω), **brauchen** (χρειάζομαι), **kaufen** (αγοράζω), **kennen** (γνωρίζω), **nehmen** (παίρνω), **lieben** (αγαπώ), **holen** (φέρνω), **treffen** (συναντώ), **verlieren** (χάνω), **sehen** (βλέπω), **besuchen** (επισκέπτομαι), **vergessen** (ξεχνώ), **gewinnen** (κερδίζω), **versuchen** (προσπαθώ), **kochen** (μαγειρεύω), **kosten** (δοκιμάζω) κτλ.

Β΄ Προθέσεις και ρήματα με δοτική
Präpositionen und Verben mit Dativ

α. Προθέσεις

aus (έξω από), **bei** (κοντά σε), **mit** (με/μαζί), **nach** (σε/προς/μετά), **bis** (μέχρι), **seit** (από/εδώ και…), **von** (από), **zu** (προς/σε), **gegenüber** (απέναντι από/σε σύγκριση)

β. Ρήματα

schenken (δωρίζω), **geben** (δίνω), **gehören** (ανήκω), **erklären** (εξηγώ), **empfehlen** (προτείνω), **zeigen** (δείχνω) + αιτιατική, κτλ.

Προθέσεις και ρήματα με αιτιατική *και* δοτική

Präpositionen und Verben mit: Akkusativ / Dativ

α.Προθέσεις

in (μέσα), **an** (πάνω ή κοντά σε), **auf** (πάνω), **hinter** (πίσω), **neben** (δίπλα), **über** (πάνω από), **unter** (κάτω από), **vor** (μπροστά από), **zwischen** (ανάμεσα σε)

β. Ρήματα

geben (δίνω)	Er gibt **ihr** *einen* Rat.
wünschen (εύχομαι)	Ich wünsche **mir** *einen* Hund.
schenken (δωρίζω)	Du schenkst **mir** *eine* Blume.
erklären (εξηγώ)	Wir erklären **euch** *den* Weg.
empfehlen (προτείνω)	Er empfiehlt **mir** *einen guten* Wein.

Γ΄ Προθέσεις με γενική

Präpositionen mit: Genetiv

während (ενώ/κατά τη διάρκεια), **wegen** (λόγω), **außer** (εκτός), **trotz** (παρά/παρόλο), **innerhalb** (εντός), **außerhalb** (εκτός), **statt** (αντί), **unweit** (όχι μακριά από), **oberhalb** (πάνω από), **unterhalb** (κάτω από), **anlässlich** (με την ευκαιρία), **längs** (κατά μήκος)

10. Ρήματα με προθέσεις και αιτιατική/ δοτική
Verben mit Präpositionen und Akkusativ / Dativ

Ρήματα με προθέσεις και αιτιατική

AN

denken	-An wen denkt er?	-An seinen Vater.
glauben	-Woran glaubt sie?	- An den Frieden.
gewöhnen (sich)	-Woran gewöhnt er sich?	- An die Freiheit.

AUF

aufpassen	- Auf wen passt sie auf?	- Auf ihren Bruder.
warten	- Worauf wartest du?	- Auf den Urlaub.
freuen (sich)	- Worauf freut er sich?	- Auf den Urlaub.
hoffen	- Worauf hoffst du?	- Auf ein schönes Leben.

….. vorbereiten (sich), verlassen (sich)

FÜR

entschuldigen (sich)	- Wofür hat er sich entschuldigt?
interessieren (sich)	- Wofür interessiert sie sich?

…. sprechen, sparen, danken + bei + Dativ, sorgen, gelten, streiken, sein, brauchen

GEGEN

sein	- Wogegen ist er?	- Gegen den Krieg.
etwas haben	- Gegen wen hast du was?	- Gegen meinen Bruder.

ÜBER

freuen (sich)	- Worüber freust du dich?	- Über das Geschenk.
nachdenken	- Worüber denkt sie nach?	- Über das Leben.
sprechen	- Über wen sprechen sie?	- Über den Vater.

… sich ärgern, sich aufregen, sich beschweren, diskutieren, sich informieren, klagen, lachen, schimpfen, sich unterhalten.

UM

bitten	- Worum hat er gebeten?	- Um Entschuldigung.

(sich) kümmern - Um wen kümmern sie sich? - Um ihren Sohn.
es geht - Worum geht es? - Um die Wahrheit.

Ρήματα με προθέσεις και δοτική

BEI
entschuldigen (sich) - Ich entschulde mich bei meiner Oma.
helfen -Wem hat sie geholfen? - Dem Vater.

MIT
anfangen - Womit fängt er an? - Mit der Arbeit.

.... sprechen, vergleichen, aufhören, beginnen, spielen, telefonieren, sich unterhalten.

NACH
fragen - Wonach fragt er? - Nach dem Weg.
suchen - Wonach suchst du? - Nach dem Schlüssel.

VON
erzählen - Wovon erzählt er? - Von seinem Urlaub.
sprechen
reden

VOR
warnen - Wovor warnt er? - Vor dem Krieg.

ZU
gehören - Wozu gehört das? - Zum Fotoapparat.

11. Οι χρόνοι του ρήματος
Das Verb - Zeiten

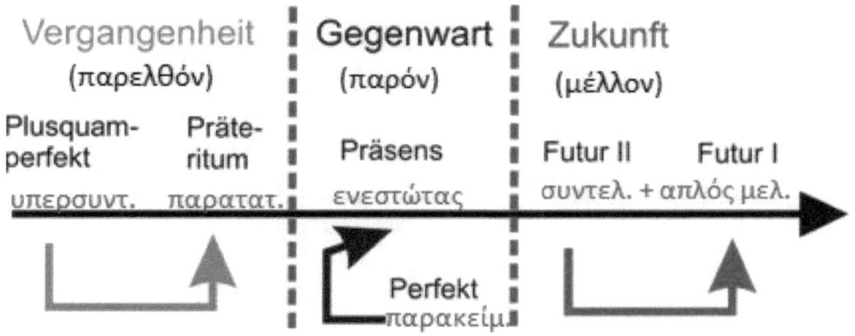

Παραδείγματα:

➔ **Παρόν**

Ich **bin** schon gestern **angekommen**,	deshalb **nehme** ich heute an der Stunde **teil**.
(Perfekt)	(Präsens)

➔ **Παρελθόν** (Vergangenheit)

Ich **war** schon vorgestern **angekommen**,	deshalb **nahm** ich gestern an der Stunde **teil**.
(Plusquamperfekt)	(Präteritum)

➔ **Μέλλον** (Zukunft)

Ich **werde** morgen schon **angekommen sein**,	deshalb **werde** ich übermorgen an der Stunde **teilnehmen**.
(Futur II)	(Futur I)

Ενεστώτας

Ο ενεστώτας χρησιμοποιείται για κάτι που γίνεται στο παρόν ή κάτι που θα γίνει στο *άμεσο* μέλλον.

Η α΄ κλίση
(Die Konjugation I.)

1. Το ρήμα „wohnen"

	Ενικός	Πληθυντικός
α΄ πρόσωπο	ich wohn + **e**	wir wohn + **en**
β΄ πρόσωπο	du wohn + **st**	ihr wohn + **t**
γ΄ πρόσωπο	er/sie/es wohn + **t**	Sie/sie wohn + **en**

2. Το ρήμα „sein"

	Ενικός	Πληθυντικός
α΄ πρόσωπο	ich **bin**	wir **sind**
β΄ πρόσωπο	du **bi + st**	ihr **sei + d**
γ΄ πρόσωπο	er/sie/es **is + t**	Sie/sie **sind**

Η β΄ κλίση
(Die Konjugation II.)

1. Το ρήμα „nehmen" **<u>e > i</u>** (Στον ενικό: β΄ και γ΄ πρόσωπο)

	Ενικός	Πληθυντικός
α΄ πρόσωπο	ich nehm + **e**	wir nehm + **en**
β΄ πρόσωπο	du n**i**mm + **st**	ihr nehm + **t**
γ΄ πρόσωπο	er/sie/es n**i**mm + **t**	Sie/sie nehm + **en**

2. Το ρήμα „essen" **<u>e > i</u>** (Στον ενικό: β΄ και γ΄ πρόσωπο)

	Ενικός	Πληθυντικός
α΄ πρόσωπο	ich ess + **e**	wir ess + **en**
β΄ πρόσωπο	du **iss + t**	ihr ess + **t**
γ΄ πρόσωπο	er/sie/es **iss + t**	Sie/sie ess + **en**

3. Το ρήμα „lesen“ <u>**e > ie**</u> (Στον ενικό: β΄ και γ΄ πρόσωπο)

	Ενικός	**Πληθυντικός**
α΄ πρόσωπο	ich les + **e**	wir les + **en**
β΄ πρόσωπο	du **lies** + **t**	ihr les + **t**
γ΄ πρόσωπο	er/sie/es **lies** + **t**	Sie/sie les + **en**

(**sehen**: du **sie**hst, er/... **sieht**)

4. Το ρήμα „mögen“ <u>**ö > a**</u> (Στον ενικό: β΄ και γ΄ πρόσωπο)

	Ενικός	**Πληθυντικός**
α΄ πρόσωπο	ich **mag** + **---**	wir mög + **en**
β΄ πρόσωπο	du **mag** + **st**	ihr mög + **t**
γ΄ πρόσωπο	er/sie/es **mag** + **---**	Sie/sie mög + **en**

(**sehen**: du **sie**hst, er/... **sieht**)

Η γ΄ κλίση

(Die Konjugation III.)

1. Το ρήμα „fahren“ <u>**a > ä**</u> (Στον ενικό: β΄ και γ΄ πρόσωπο)

	Ενικός	**Πληθυντικός**
α΄ πρόσωπο	ich fahr + **e**	wir fahr + **en**
β΄ πρόσωπο	du **fähr** + **st**	ihr fahr + **t**
γ΄ πρόσωπο	er/sie/es **fähr**+ **t**	Sie/sie fahr + **en**

waschen, an/fangen, ein/laden, rad/fahren, schlafen, gefallen …

2. Το ρήμα „lassen“ <u>**a > ä**</u> (Στον ενικό: β΄ και γ΄ πρόσωπο)

	Ενικός	**Πληθυντικός**
α΄ πρόσωπο	ich lass + **e**	wir lass + **en**
β΄ πρόσωπο	du **läss** + **t**	ihr lass + **t**
γ΄ πρόσωπο	er/sie/es **läss**+ **t**	Sie/sie lass + **en**

Ασκήσεις

1. Wer macht was?

A: Wir müssen einen Koffer kaufen. Soll ich das machen?
B: Nein, lass mich den Koffer kaufen. Du kannst den Pass beantragen.

Να κάνετε παρόμοιους διαλόγους!
Bilden Sie ähnliche Dialoge!

Hotelzimmer bestellen	Geld wechseln
Auto waschen	Reiseschecks besorgen
Plätze reservieren	Fahrkarten kaufen
Anzüge reinigen	Reiseprospekte besorgen
Motor prüfen	Wäsche waschen
Hose bügeln	Rock reinigen

2. Συμπληρώστε τα κενά με τη σωστή μορφή του ρήματος!
Ergänzen Sie die Lücken mit der richtigen Form des Verbes!

- Hallo! Ich ________ Anna! (heißen)
- Hallo Anna! Ich ________ Lea. (sein)
Wo ____________ du her? (kommen)
- Ich ______________ aus Griechenland und John und Nic ________ aus England. (kommen/ kommen).
- Und wo _______________ ihr hin? (fahren)
- Die beiden _______________ (gehe) nach Hause und ich ___________ ein gutes Restaurant. (suchen)
___________ du mit? (kommen)
- Nein, ich _________________ lieber ein Buch. (lesen)

12. Τα αυτοπαθή ρήματα
Reflexive Verben

Αυτοπαθή λέγονται τα ρήματα των οποίων η ενέργεια επιστρέφει άμεσα στο υποκείμενο **π.χ.** ντύνομαι.
Τα αυτοπαθή ρήματα στα γερμανικά σχηματίζονται με την πρόσθεση της προσωπικής αντωνυμίας στο ανάλογο πρόσωπο στην αιτιατική.

Ενικός	**Πληθυντικός**
1. ich freue **mich**	1. wir freuen **uns**
2. du freust **dich**	2. ihr freut **euch**
3. er / sie freut / es } **sich**	3. sie/ Sie freuen **sich**

*Wenn ich nach Hause komme, **freue ich mich auf** den Fernsehabend. Besonders **freue ich mich über** die Sendezeit, weil ich abends immer lange arbeiten muss.*

Προσοχή!
Ορισμένα αυτοπαθή ρήματα έχουν δύο προθέσεις
Μερικά από τα πιο συνηθισμένα αυτοπαθή ρήματα είναι τα ακόλουθα:

sich interessieren (ενδιαφέρομαι)	+ für + Akkusativ
sich ärgern (θυμώνω)	+ über + Akkusativ
sich beschäftigen (ασχολούμαι)	+ mit + Dativ
sich entscheiden (αποφασίζω)	+ für **και** gegen + Akkusativ
sich erinnern (θυμάμαι)	+ an + Akkustativ
sich freuen (χαίρομαι)	+ auf **και** über + Akkusativ
sich setzen (κάθομαι)	
sich unterhalten (κουβεντιάζω)	+ mit + Dativ **και** über + Akkusativ
sich verabreden (κλείνω ραντεβού)	+ mit + Dativ
sich duschen (κάνω ντους)	
sich verlieben (ερωτεύομαι)	+ in + Akkusativ

sich beruhigen (ηρεμώ)	
sich bemühen (προσπαθώ)	+ um + Akkusativ
sich aufregen (εξάπτομαι, νευριάζω)	+ über + Akkusativ
sich verabschieden (αποχαιρετώ)	+ von + Dativ
sich vorstellen (συστήνομαι φαντάζομαι)	
sich erkälten (κρυολογώ)	
sich entschuldigen (απολογούμαι)	+ bei + Dativ **και** für + Akkusativ
sich benehmen (συμπεριφέρομαι)	
sich wenden (στρέφομαι)	+ an + Akkusativ
sich ändern (αλλάζω)	
sich kümmern (φροντίζω)	+ um + Akkusativ
sich scheiden lassen (χωρίζω / παίρνω διαζύγιο)	+ von + Dativ
sich beschweren (παραπονιέμαι)	+ über + Akkusativ

Άσκηση

Σχηματίστε προτάσεις και βάλτε το ρήμα στο σωστό πρόσωπο!
Bilden Sie Sätze mit den Verben in der richtigen Form!

Oma, um, Katze, kümmern, die, sich, unsere.

____

sich, er, für, Mathematik, interessieren.

____

du, an, die, Dame, alte, Kreta, aus, erinnern, sich?

____

ihr, sich, die, Party, gestrige, unterhalten, über.

____

13. Τα βοηθητικά ρήματα έγκλισης
Modalverben

Βοηθητικά ρήματα έγκλισης ονομάζονται τα ρήματα, τα οποία δείχνουν επιθυμία, εξαναγκασμό ή δυνατότητα. Στα γερμανικά υπάρχουν 6 βοηθητικά ρήματα έγκλισης: **können, sollen, wollen, müssen, mögen und dürfen.**

Όλα τα βοηθητικά ρήματα έγκλισης δείχνουν ανωμαλίες στην κλίση τους.

	müssen	**können**	**dürfen**	**sollen**	**wollen**	**mögen**
ich	muss	kann	darf	soll	will	mag
du	musst	kannst	darfst	sollst	willst	magst
er/sie/es	muss	kann	darf	soll	will	mag
wir	müssen	können	dürfen	sollen	wollen	mögen
ihr	müsst	könnt	dürft	sollt	wollt	mögt
Sie/sie	müssen	können	dürfen	sollen	wollen	mögen

Ασκήσεις

1. Συμπληρώστε τα κενά με το σωστό ρήμα στην σωστή μορφή!
Ergänzen Sie die Lücken mit den richtigen Verben in der richtigen Form!

α. Du .... morgen nach Berlin fahren.
β. .... Sie mir sagen, wann der Bus kommt?
γ. Maria .... morgen leider nicht kommen.
δ. Wir .... lieber einen großen Apfelsaft.
ε. Niklas .... sehr gut schwimmen.
στ. Gib mir das Buch! Ich .... es auch lesen.

ζ. .... ihr mich mit zur Schule nehmen?
η. Emilie .... heute länger spielen.
θ. Er .... Saxophon spielen.
ι. Du .... morgen um 22.00 Uhr nach Hause kommen.
ια. Sie .... lieber einen Kaffee trinken.
ιβ. Sophie ist noch zu jung, sie .... nicht Auto fahren.
ιγ. David .... ins Kino gehen.
ιδ. Wir .... Deutsch sprechen.

2. Σχηματίστε προτάσεις και βάλτε το ρήμα στο σωστό πρόσωπο!
Bilden Sie Sätze mit den Verben in der richtigen Form!

- wollen, du, gehen, Kino, ins?

____

- ihr, können, Deutsch, gut.

____

- er, morgen, sollen, Buch, das, vergessen, nicht!

____

- dürfen, noch, haben, mehr, Eis, wir?

____

- du, mögen, neuen, den Film?

____

- müssen, ich, meine, dringend, Mama, anrufen.

____

14. **Χωριζόμενα ρήματα**
Trennbare Verben

Πολλά γερμανικά ρήματα είναι σύνθετα, αποτελούνται δηλαδή από ένα απλό ρήμα και συνήθως μια πρόθεση.
z.B. an + rufen ➔ anrufen
Τέτοια σύνθετα ρήματα όταν κλίνονται χωρίζονται: Π.χ. Ich rufe an.

Σύνθετα ρήματα με τα εξής προθήματα, τα οποία τονίζονται, χωρίζονται:
ab-, an-, auf-, aus-, bei-, ein-, entgegen-, fest-, fort-, her-, hin-, los-, mit-, nach-, vor-, weg-, weiter-, zu-, zurück-

Τα εξής προθήματα, τα οποία δεν τονίζονται, δεν χωρίζονται ποτέ:
be, er ge, ver, ent, emp, miß/ miss, zer

Πότε χωρίζονται τα ρήματα;
- Στο απαρέμφατο όλα τα σύνθετα ρήματα παραμένουν στη βασική τους μορφή, είναι δηλ. ενωμένα.
- Στις κύριες προτάσεις, καθώς και στις ερωτήσεις το πρόθημα πηγαίνει στο της πρότασης.

Ασκήσεις
1. Σχηματίστε προτάσεις
Bilden Sie Sätze

Eleni, aufstehen, um, immer, 8 Uhr.
Giannis, wann, zurückkommen?
Wir, Samstag, jeden, einkaufen.
Sie, zurückfliegen, wann, wollen?
Ihr, mitkommen, wollen?

2. Συμπληρώστε τον πίνακα
Ergänzen Sie die Tabelle

aufhängen	Ich		das Bild	
aufräumen	Du		das Zimmer	
zurückholen	Er		das Buch	
wegschmeißen	Sie		den Müll	
anrufen	Wir		unsere Eltern	
losfahren	Ihr		um 10 Uhr	
mitbringen	Sie		Ihre Kinder	

15. Ο παρακείμενος

Perfekt

Ο παρακείμενος είναι ο πιο σημαντικός παρελθοντικός χρόνος στα γερμανικά καθώς χρησιμοποιείται στον προφορικό και γραπτό λόγο και για το σχηματισμό περεταίρω χρόνων. Ο παρακείμενος σχηματίζεται είτε με το βοηθητικό ρήμα **haben**, είτε με το βοθιτικό ρήμα **sein** και τη **μετοχή παθητικού παρακειμένου** και χωρίζεται σε τρεις κατηγορίες:
τα δυνατά, τα αδύνατα και τα μεικτά ρήματα.

Και οι τρεις κατηγορίες ρημάτων σχηματίζονται στον παρακείμενο με το μόριο ge- στην αρχή του ρήματος.

Βοηθητικά ρήματα
Hilfsverben
(haben / sein)

Μετοχή παθητικού παρακειμένου
Partizip II

Haben

1. Δυνατά ρήματα
(starke Verben)

trink – en → **ge-** tr**u**nken **–en**

2. Αδύνατα ρήματα
(schwache Verben)

lern –en → **ge** – lern - **t**

3. Μεικτά ρήματα
(gemischte Verben)

bring-en → **ge-** br**a**ch- **t**

Εξαίρεση αποτελούν:

1. Τα ρήματα τα οποία στον ενεστώτα τελειώνουν σε **„ieren"**
Τα ρήματα αυτά σχηματίζουν τον παρακείμενο **χωρίς** „ge-"

telefonieren - (habe) telefoniert / studieren - (habe) studiert

2. Σύνθετα *ρήματα* με *αχώριστα* μόρια (untrennbare Verben)

be-, er-, ge-, ver-, ent-, emp-, miss-, zer-.

bekommen ➔ (habe) bekommen
erzählen ➔ (habe) erzählt

Η χρήση του παρακειμένου

Ο παρακείμενος δείχνει μία πράξη η οποία πραγματοποιήθηκε στο παρελθόν και έχει επίδραση στο παρόν.

Π.χ. *Ich habe gestern viel gelernt. Ich bekomme heute eine 1.*

Ο παρακείμενος χρησιμοποιείται προπάντων στον προφορικό αλλά συχνά και στον γραπτό λόγο.

Το βοηθητικό ρήμα **haben** χρησιμοποιείται με

α. Ρήματα με αιτιατική: haben, machen κτλ.
β. Όλα τα αυτοπαθή ρήματα: sich freuen, sich waschen κτλ
γ. Τα βοηθητικά ρήματα έγκλισης: müssen, können κτλ.
δ. Μερικά απρόσωπα ρήματα: es regnet, es schneit

Το βοηθητικό ρήμα **sein** χρησιμοποιείται με

α. Ρήματα που δείχνουν κίνηση: gehen, fahren, kommen κτλ.
β. Ρήματα που δείχνουν αλλαγή μίας κατάστασης: werden, sterben, wachsen κτλ.
γ. Τα ρήματα: sein und bleiben

Τα αδύνατα ρήματα στον παρακείμενο

machen	habe gemacht
fragen	habe gefragt
sagen	habe gesagt
lernen	habe gelernt
kaufen	habe gekauft
arbeiten	habe gearbeitet
bezahlen	habe bezahlt
danken	habe gedankt
hören	habe gehört
lieben	habe geliebt
öffnen	habe geöffnet
spielen	habe gespielt
suchen	habe gesucht
tanzen	habe getanzt
warten	habe gewartet
wohnen	habe gewohnt
zeigen	habe gezeigt

Αλλά προσοχή

verkaufen	habe verkauft
bestellen	habe bestellt
gehören	habe gehört
wiederholen	habe wiederholt
telefonieren	habe telefoniert
bezahlen	habe bezahlt
studieren	habe studiert

Δυνατά ρήματα στον παρακείμενο

trinken	habe getr-**u**-nken
essen	habe ge-**g**-essen
sprechen	habe gespr-**o**-chen
nehmen	habe gen-**o**-mmen
finden	habe gef-**u**-nden
anrufen	habe angerufen
schreiben	habe geschr-**ie**-ben
verstehen	habe verst-**a**-nden
beginnen	habe beg-**o**-nnen
geben	habe gegeben
heißen	habe geheißen
helfen	habe geh-**o**-lfen
lesen	habe gelesen
schlafen	habe geschlafen
sehen	habe gesehen
treffen	habe getr-**o**-ffen
vergessen	habe vergessen

Ρήματα που δείχνουν κίνηση σχηματίζονται με το βοηθητικό ρήμα „sein"

kommen	bin gekommen
gehen	bin geg-**a**-ngen
fahren	bin gefahren
fliegen	bin gefl-**o**-gen

Περαιτέρω ρήματα με „sein"

bleiben	bin gebl-**ie**-ben
sein	bin gewesen
werden	bin gew-**o**-rden

Ασκήσεις

1. Συμπληρώστε!
Ergänzen Sie!

gehen		laufen	
	habe gegessen		bin geschwommen
trinken		singen	
	habe gesehen		habe telefoniert
lesen		zeigen	
	habe geschrieben		habe angezogen
danken		bleiben	
	habe geraten		habe gekocht

2. Συμπληρώστε τα κενά με το ρήμα στη σωστή μορφή!
Ergänzen Sie die Lücken mit den Verben in der richtigen Form!

-Ich _______ gestern ein interessantes Buch ___________. (kaufen)

- _____ du am letzten Samstag ins Kino ____________ ? (gehen)

- Ihr _________ gestern Abend ein leckeres Essen _________. (kochen)

- Im Sommer ______ wir oft im Meer _____________. (schwimmen)

- Anna und Tim _______ einen schönen Ausflug _____________. (machen)

- Emily ____ gestern den ganzen Tag ____________. (spielen)

- ______ ihr schon den neuen Film ____________? (sehen)

- _______ Sie ein neues Auto ____________? (kaufen)

16. Ο παρατατικός
Präteritum

Ο παρατατικός είναι παρελθοντικός χρόνος που χρησιμοποιείται κυρίως στο γραπτό λόγο και δεν έχει καμία επαφή / επίδραση στον ενεστώτα.

Ομαλά ρήματα
(Regelmäßige Verben)

Die Geschichte von Jannik
In einem kleinen Dorf **lebte** vor etwa 100 Jahren ein Koch, der Jannik hieß.
Er **arbeitete** Tag für Tag und **kochte** für seine Gäste und Freunde viele leckere Gerichte.
Nach einigen Jahren schrieb Jannik ein Kochbuch und verkaufte dieses in dem Buchladen des Dorfes. Bald **hatten** alle ein Kochbuch und kochten ihr Essen selbst. Das Restaurant **machte** irgendwann zu, weil keine Gäste mehr kamen.
Da **musste** Jannik in die große Stadt ziehen und einen neuen Job suchen…

Ο παρατατικός σχηματίζεται από το παρατατικό θέμα του ρήματος και την πρόσθεση του συμφώνου /t/ καθώς την αναγκαία κατάληξη για το κάθε πρόσωπο. **π.χ.** leben ➔ ich leb + t + e

Απαρέμφατο		**leben**	**arbeiten**	**müssen**	**Κατά-ληξη**
Ενικός					
α΄ πρόσωπο	ich	leb-t-e	arbeit-et-e	muss-t-e	-e
β΄ πρόσωπο	du	leb-t-est	arbeit-et-est	muss-t-est	-est
γ΄ πρόσωπο	er sie es	leb-t-e	arbeit-et-e	muss-t-e	-e
Πληθυντικός					
α΄ πρόσωπο	wir	leb-t-en	arbeit-et-en	muss-t-en	-en
β΄ πρόσωπο	ihr	leb-t-et	arbeit-et-et	muss-t-et	-et
γ΄ πρόσωπο	sie Sie	leb-t-en	arbeit-et-en	muss-t-en	-en

Ανώμαλα ρήματα (Unregelmäßige Verben)[2]

Στα ανώμαλα ρήματα το α΄ και το γ΄ πρόσωπο δεν διαθέτουν δική τους κατάληξη, αποτελούνται δηλ. μόνο από το παρατατικό θέμα του ρήματος.

Απαρέμφατο		kommen	verlassen	fahren	verlieren	**Κατά-ληξη**
Ενικός						
α΄ πρόσωπο	ich	kam-	verließ-	fuhr-	verlor-	-
β΄ πρόσωπο	du	kam-st	verließ-t	fuhr-st	verlor-st	-st
γ΄ πρόσωπο	er sie es	kam-	verließ-	fuhr-	verlor-	-
Πληθυντικός						
α΄ πρόσωπο	wir	kam-en	verließ-en	fuhr-en	verlor-en	-en
β΄ πρόσωπο	ihr	kam-t	verließ-t	fuhr-t	verlor-t	-t
γ΄ πρόσωπο	sie Sie	kam-en	verließ-en	fuhr-en	verlor-en	-en

Άσκηση

Συμπληρώστε όπως στο παράδειγμα!
Ergänzen Sie wie im Beispiel!

- Wir haben Hunger. – Wir hatten Hunger.
- Ich lese das Buch. – Ich ……………………………….
- Wir sehen den Film. – Wir ……………………………..
- Ihr kennt meinen Vater. – Ihr ……………………………...
- Können Sie helfen? – ……………………………………?
- Du kommst zu spät. – ………………………………..……
- Tobias sagt nichts. – …………………………………...…..
- Nicole ist müde. – ……………………………………….…

[2] Λίστα ανωμάλων ρημάτων: Σελίδα 106.

17. Απλός Μέλλοντας
Futur I.

Ο απλός μέλλοντας (Futur I) χρησιμοποιείται συνήθως όταν στην πρόταση δεν υπάρχει χρονικός προσδιορισμός ή / και όταν η υλοποίηση της αναφερόμενης πράξης δεν είναι εντελώς βέβαιη:

Ο σχηματισμός του απλού μέλλοντα γίνεται ως εξής:

βοηθητικό ρήμα WERDEN + Απαρέμφατο

ich werde	kommen
du w **i** rst	lesen
er / sie/ es w **i** rd	essen
wir werden	spielen
ihr werdet	lernen
sie / Sie werden	

Ασκήσεις

1. Σχηματίστε τις προτάσεις στον απλό μέλλοντα!
Bilden Sie Sätze in Futur I.!

Im Sommer *mieten* wir ein Ferienhaus am Meer.
Auch die Kinder *fahren* dieses Jahr mit.
Mein Mann *angelt* den ganzen Tag.
Du *machst* mit uns eine Schifffahrt nach Ägypten.
Ihr *lernt* unsere Nachbarn kennen.
Mutti *kocht* nicht jeden Tag.
Ich *schwimme* oft.
Die Großeltern *besuchen* uns auch.

2. Απαντήστε τις ερωτήσεις στον απλό Μέλλοντα!
Beantworten Sie die Fragen in Futur I.!

Wann machst du Feierabend?
Um wie viel Uhr geht ihr ins Kino?
Legen Sie die Prüfung nächste Woche ab?
Lernst du wieder bis spät in die Nacht?
Wäschst du dir jetzt die Haare?
Kommt deine Freundin morgen früh an?
Holst du sie vom Bahnhof ab?

18. Συντελεσμένος μέλλοντας
Futur II

Ο συντελεσμένος μέλλοντας χρησιμοποιείται στα γερμανικά πολύ σπάνια καθώς ο σχηματισμός του είναι σχετικά περίπλοκος. Ο συντελεσμένος μέλλοντας σχηματίζεται με το συνδυασμό δύο γραμματικών χρόνων: του απλού μέλλοντα και του παρακειμένου.

Η χαρακτηρισμός συντελεσμένος δείχνει ήδη ότι κάτι έχει ολοκληρωθεί ή τελειώσει. Αυτή η μορφή του μέλλοντα δείχνει λοιπόν μια ενέργεια ή κατάσταση η οποία θα έχει ολοκληρωθεί πριν από μια άλλη στο μέλλον.

Ο σχηματισμός του συντελεσμένου μέλλοντα γίνεται ως εξής:

Μετοχή παθητικού Παρακειμένου + Απλός μέλλοντας = Futur II

Για την ευκολότερη κατανόηση θα σχηματίσουμε πρώτα μια πρόταση στον παρακείμενο.

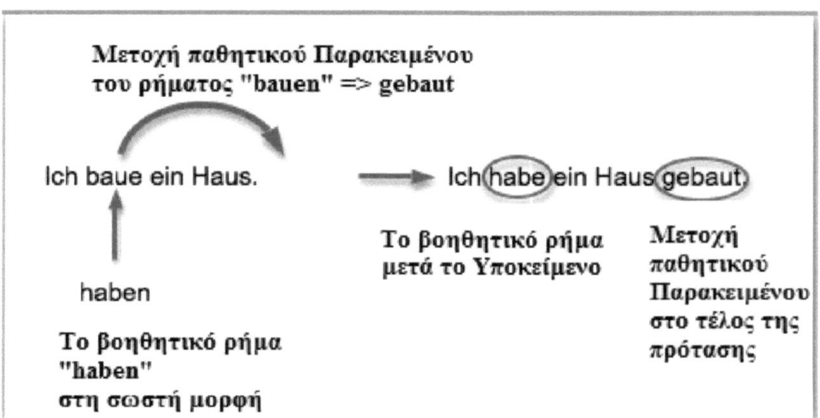

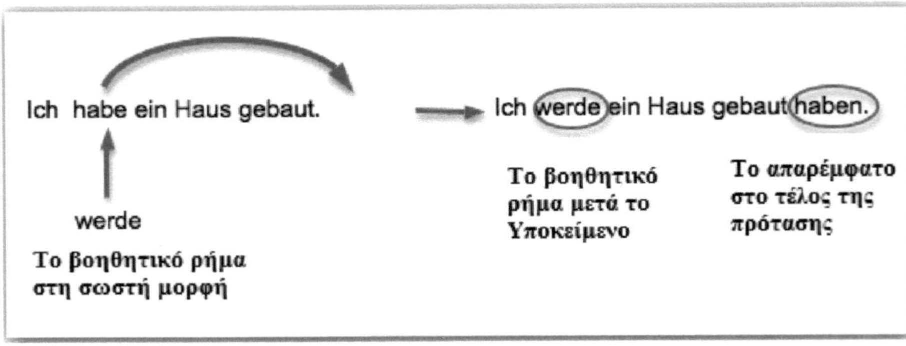

Σ΄ αυτή την περίπτωση το βοηθητικό ρήμα „werde" έρχεται αμέσως μετά από το υποκείμενο (στο πιο πάνω παράδειγμα „ich") ενώ το απαρέμφατο του βοηθητικού ρήματος (haben) βρίσκεται στο τέλος της πρότασης.

Προσοχή!
Μερικά ρήματα σχηματίζουν τον παρακείμενο με το βοηθητικό ρήμα „sein". Σε τέτοιες περιπτώσεις ο συντελεσμένος μέλλοντας σχηματίζεται με το απαρέμφατο του „sein".

π.χ. Im Alter von 25 Jahren werde ich mit meinem Studium fertig sein.

19. Ο υπερσυντέλικος
Plusquamperfekt

Ο παρελθοντικός χρόνος *υπερσυντέλικος* χρησιμοποιείται για να περιγράψει μια πράξη, ενέργεια ή κατάσταση, η οποία έχει ήδη ολοκληρωθεί πριν από μια άλλη πράξη στο παρελθόν.

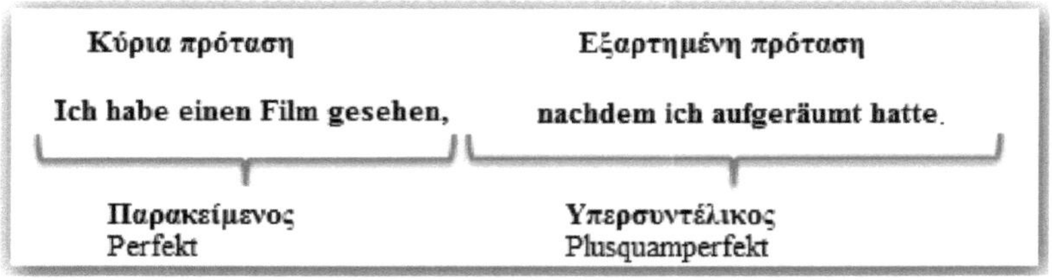

Προσοχή!
Η κύρια πρόταση πρέπει νε περιέχει ένα από τους παρελθοντικούς χρόνους, είτε τον παρακείμενο, είτε τον παρατατικό.

Ο υπερσυντέλικος σχηματίζεται ως εξής:

Βοηθητικό ρήμα (haben ή sein) στον Παρατατικό (➔ hatte)
\+ μετοχή παθητικού Παρακειμένου

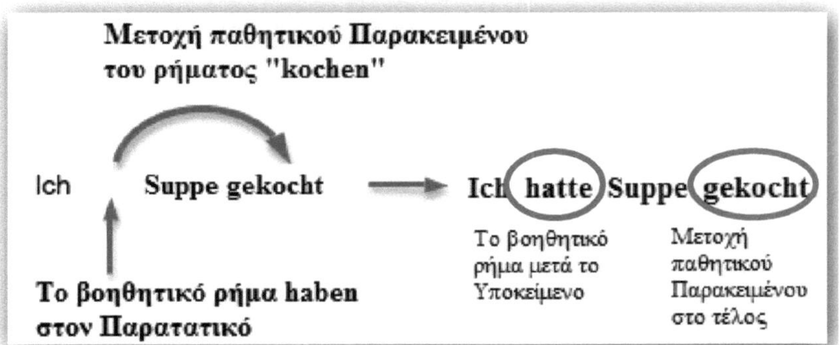

Επειδή ο υπερσυντέλικος χρησιμοποιείται τις περισσότερες φορές σε εξαρτημένες προτάσεις, πρέπει να λάβουμε υπόψη μας τους κανόνες του σχηματισμού εξαρτημένων προτάσεων. Σε τέτοιες περιπτώσεις το ρήμα που κλίνεται (haben/ sein), στέκεται **στο τέλος της εξαρτημένης πρότασης**.

Άσκηση

Συμπληρώστε τα κενά με τη σωστή μορφή του ρήματος!
Ergänzen Sie die Lücken mit der richtigen Form des Verbes!

-Nachdem er das Buch ______________ ging er schlafen (lesen)

- Als er das Foto machte, _____ wir schon längst ______________. (gehen)

- Wir essen in einem Restaurant, das Jörg uns _______________.(empfehlen)

- Wir waren heute am Strand, wo wir früher ______________. (schwimmen)

- Es kamen viel mehr Freunde als er _______________.(einladen)

- Wir bekamen einen Tisch, denn wir __________________. (reservieren)

- Julia machte die Tür auf, denn es ___________________. (klingeln)

20. Ρήματα με πτώση
Verben mit Kasus

Πολλά ρήματα στα γερμανικά απαιτούν το ουσιαστικό που ακολουθεί να τοποθετείται σε μια συγκεκριμένη πτώση. Παρακάτω θα βρείτε τα πιο συνηθισμένα ρήματα με αιτιατική, δοτική και γενική.

Ρήματα με αιτιατική (Verben mit Akkusativ)

anrufen	aufschreiben
bedienen	es gibt
beschreiben	bekommen
brauchen	sehen
einpacken	ausgeben
erleben	ändern
essen	bezahlen
nachdenken	führen
heiraten	denken
hoffen	studieren
holen	betreten
kosten	haben
kritisieren	gewinnen
treffen	lesen
lieb haben/ lieben	abholen
organisieren	drücken
trinken	putzen
überholen	verdienen
verhaften	vergessen
verlieren	tauschen
versuchen	besuchen
verteidigen	kennen
verurteilen	lernen
zeichnen	schneiden

Ρήματα με δοτική (Verben mit Dativ)

schenken	geben	gehören
erklären	kaufen	empfehlen
folgen	begegnen	teilnehmen
wünschen	einfallen	böse sein
ähneln	helfen	gratulieren

Ρήματα με αιτιατική και δοτική (Verben mit Akkusativ und Dativ)

ansehen	leihen
beantworten	machen
berichten	mieten
beschreiben	mitbringen
bestellen	nehmen
empfehlen	sagen
erklären	schenken
erzählen	suchen
finden	vermieten
geben	wechseln
holen	wünschen
kochen	vorlesen
kaufen	zeigen

Ονομαστική + ρήμα	***Der** Vater liest.*
Ονομαστική + ρήμα + Αιτιατική	*Ich sehe **den** Vater.*
Ονομαστική + ρήμα + Δοτική + Αιτιατική	*Ich gebe **dem** Vater **den** Schlüssel.*

21. Προστακτική
Der Imperativ

Στα γερμανικά, όπως και στα ελληνικά, η προστακτική χρησιμοποιείται για να δείξει **προσταγή**, **παράκληση** ή **ευχή**. Προστακτική διαθέτει δεύτερο πρόσωπο ενικού (du) και πρώτο, δεύτερο και τρίτο πρόσωπο πληθυντικού (μόνο στον πληθυντικό ευγενείας (Sie)).

Η προστακτική σχηματίζεται από το ενεστωτικό θέμα του ενεργητικού ρήματος στον ενεστώτα με την παράλειψη της προσωπικής αντωνυμίας στο δεύτερο πρόσωπο ενικού και πληθυντικού. Στο πρώτο και τρίτο πρόσωπο πληθυντικού (wir, Sie) χρησιμοποιείται η προσωπική αντωνυμία κατά κανόνα.
π.χ. Gehen wir! Kommen Sie!

Στον ενικό (δεύτερο πρόσωπο) η προστακτική δεν διαθέτει οποιαδήποτε κατάληξη, αποτελείται δηλ. μόνο από το θέμα komm.

Στο πρώτο και στο τρίτο πρόσωπο πληθυντικού το ρήμα παίρνει κατάληξη –en.
Στο δεύτερο πρόσωπο πληθυντικού το ρήμα στην προστακτική παίρνει κατάληξη –t.

Ρήματα τα οποία παρουσιάζουν ανωμαλίες στην κλίση τους, διατηρούν και στην προστακτική τις ιδιαιτερότητές τους.
Π.χ. nehmen ➔ 2. πρόσωπο Ενικού: du nimmst
➔ 2. πρόσωπο προστακτική: nimm!

Komm/ en

Ενικός	**Πληθυντικός**
2. (du) komm!	1. kommen wir!
	2. (ihr) kommt!
	3. kommen Sie!

	kommen	nehmen (e >i)	fahren (a> a)	sein
du	Komm!	N i mm!	Fahr!	Sei!
ihr	Komm –t!	N e hmt!	Fahrt!	Seid!
Sie	Kommen Sie!	Nehmen Sie!	Fahren Sie!	Seien Sie!
wir	Kommen (wir)!	Nehmen (wir)!	Fahren (wir)!	Seien (wir)!

Ρήματα με κατάληξη **–ten** ή **–den** παίρνουν μετά από το απαρεμφατικό θέμα ένα **„e"** ➔ **wart + e!**

Warten wir!
Wart + et!
Wart + en Sie! (bilden, antworten κτλ.)

Ασκήσεις

1. Συμπληρώστε τον πίνακα!
Ergänzen Sie die Tabelle!

	du	Sie / wir	ihr
arbeiten			
fotografieren			
essen			
fernsehen			
lernen			
aufräumen			
bleiben			
trinken			
lesen			
schlafen			
schwimmen			
sprechen			
kochen			
hören			
nehmen			
schreiben			

fahren			
spielen			
aufstehen			
einkaufen			
vergessen			
sein			

2. Διαβάστε δυνατά και κάνετε διαλόγους!
Lesen Sie laut und bilden sie Dialoge!

- Darf ich dich was fragen? - Natürlich, frag mich doch!
- Kann ich dich anrufen?
- Kann ich euch mal besuchen?
- Darf ich die Orangen nehmen?
- Kann ich noch einen Tag hier bleiben?
- Darf ich meine Freundin mitbringen?
- Darf ich einsteigen?
- Kann ich mitfahren?

(b) - Wann darf ich dich abholen? - Bitte hol mich gleich ab!
- Wann muss ich anrufen?
- Wann muss ich anfangen?
- Wann kann ich dir das Geld geben?

3. Συμπληρώστε τα κενά!
Ergänzen Sie die Lücken!

Du arbeitest zu viel, ... doch endlich mal Pause!
Kinder, ... schnell in den Bus ein!
.... keine Angst, der Hund beißt nicht!
.... Sie bitte lauter, ich verstehe Sie nicht!
Bitte, ... vorsichtig!
Ach Hans, ... mir, ich kann den Koffer nicht alleine tragen!
Bitte .... mir nicht böse!
.... Sie leise, bitte!
Gute Nacht ihr beiden, ... gut!

4. Μεταφέρετε τις προτάσεις στην προστακτική!
Bilden Sie die Sätze im Imperativ!

- Wir essen viel Obst.
- Du rauchst nicht.
- Ihr seid brav.
- Du bist allein.
- Du hast ein Auto.
- Sie schreiben einen Brief.
- Ihr kommt früh.
- Du sprichst langsam.
- Du fährst schnell.
- Sie sehen fern.
- Ihr vergesst meinen Namen.
- Du nimmst noch Suppe.

5. Γράψτε την προστακτική των ρημάτων στις παρενθέσεις!
Schreiben Sie die Verben in den Klammern im Imperativ!

Ich höre dich nicht gut. …………………etwas lauter! (sprechen)
Morgen habe ich Geburtstag. ……………..das nicht! (vergessen)
………………… mir eine Zigarette Andreas! (geben)
Maria, ………….. doch deine Suppe! Sie wird kalt! (essen)
Die Grammatik ist sehr schwer. …………………. mir bitte! (helfen)
Die Straße ist nicht gut. ………….. bitte nicht so schnell! (fahren)

22. Παθητική φωνή
Das Passiv

Στα γερμανικά υπάρχουν δύο τρόποι για να περιγράψουμε μια ενέργεια: η ενεργητική και η παθητική φωνή.

A΄ Der Gärtner pflanzt einen Baum.
Ο κηπουρός φυτεύει ένα δέντρο.

Το Υποκείμενο *(Subjekt)*, εδώ ο κηπουρός κάνει κάτι ενεργά. Αν είναι σημαντικό να γνωρίζουμε ποιος ακριβώς κάνει κάτι *(Wer macht etwas?)*, χρησιμοποιούμε την ενεργητική φωνή *(Aktiv)*.

B΄ Ein Baum wird gepflanzt.
Φυτεύεται ένα δέντρο.

Σε αυτό το παράδειγμα το υποκείμενο *(Subjekt)* που δρα, δεν μας ενδιαφέρει. Αν είναι πιο σημαντικό να γνωρίζουμε, τι ακριβώς συμβαίνει ή τι γίνεται (*Was passiert? Was wird gemacht?)*, χρησιμοποιούμε την παθητική φωνή *(Passiv)*.

Η παθητική φωνή
Τι συμβαίνει; Τι γίνεται;

Vorgangspassiv
(δείχνει συνέχεια)

Μια διαδικασία είναι μια ενέργεια
Ερώτηση: **Τι έγινε?**
Κάποιος κάνει κάτι…

Σχηματισμός:
Μορφές του ρήματος **werden** +
μετοχή παθητικού παρακειμένου
Das Haus **wird** aufgebaut.
Το σπίτι χτίζεται.

Zustandspassiv
(δείχνει μια κατάσταση)

Μια κατάσταση **δεν** δείχνει ενέργεια
Ερώτηση: **Πώς είναι κάτι?**
Κανένας δεν κάνει τίποτα…

Σχηματισμός:
Μορφές του ρήματος **sein** +
μετοχή παθητικού παρακειμένου
Das Haus **ist** aufgebaut.
Το σπίτι είναι χτισμένο.

A) **Σχηματισμός**: werden + μετοχή παθητικού παρακειμένου
π.χ. Ich werde gefragt.

B) **Η χρήση**:
α) ο/ η δράστης (το ποιητικό αίτιο) είναι άγνωστος/η
β) ο/ η δράστης (το ποιητικό αίτιο) είναι γνωστός/ή αλλά δεν αναφερόμαστε σ΄ αυτόν στην πρόταση.

Γ) Με την παθητική φωνή εκφράζουμε:
α) **Τον δράστη** (ποιητικό αίτιο) με την πρόθεση „**von**"
Der Brief wird vom Lehrer geschrieben.

β) **Την αιτία ή το μέσο** με την πρόθεση „**durch**"
Das Haus wird durch Bomben beschädigt.

Ενεργητική φωνή
(Aktiv)

Der Lehrer fragt mich.

Παθητική φωνή
(Passiv)

Ich werde vom Lehrer gefragt.

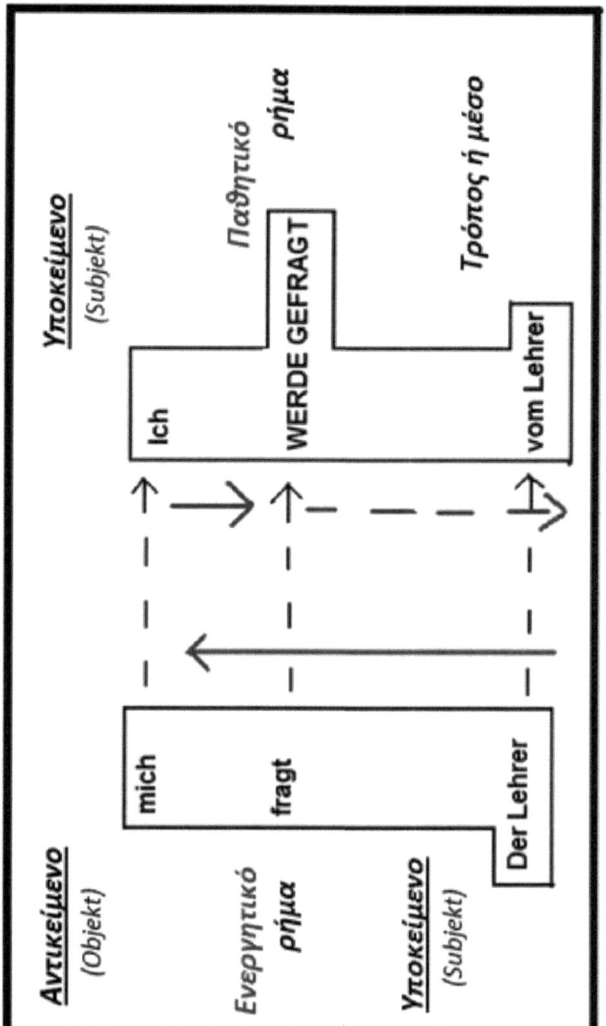

Παθητική φωνή του ρήματος: lieben

Passiv: lieben (liebte, hat geliebt)

Ενεστώτας Präsens	Ich werde geliebt Du wirst geliebt Er/ sie/ es wird geliebt Wir werden geliebt Ihr werdet geliebt Sie/ sie werden geliebt	**Παρακείμενος** Perfekt	Ich bin geliebt worden Du bist geliebt worden Er/ sie/ es ist geliebt worden Wir sind geliebt worden Ihr seid geliebt worden Sie/ sie sind geliebt worden
Παρατατικός Präteritum	Ich wurde geliebt Du wurdest geliebt Er/ sie/ es wurde geliebt Wir wurden geliebt Ihr wurdet geliebt Sie/ sie wurden geliebt	**Υπερσυντέλικος** Plusquamperfekt	Ich war geliebt worden Du warst geliebt worden Er/sie/es war geliebt worden Wir waren geliebt worden Ihr wart geliebt worden Sie/sie waren geliebt worden
Μέλλοντας I. Futur I.	Ich werde geliebt werden Du wirst geliebt werden Er/ sie/ es wird geliebt werden Wir werden geliebt werden Ihr werdet geliebt werden Sie/ sie werden geliebt werden	**Μέλλοντας II.** Futur II.	Ich werde geliebt worden sein Du wirst geliebt worden sein Er/sie/es wird geliebt worden sein Wir werden geliebt worden sein Ihr werdet geliebt worden sein Sie/ sie werden geliebt worden sein

Τα ακόλουθα ρήματα δεν διαθέτουν παθητική φωνή

1. Τα ρήματα „haben“, „sein“ και „werden“:

Du hast einen Bleistift.
Das Wetter ist schön.
Der Kranke wird bald wieder gesund.

2. Τα απρόσωπα ρήματα:

Es regnet. Es gefällt mir gut.
Es geht ihr schlecht.

3. Τα αυτοπαθή ρήματα:

Er beeilt sich mit seiner Arbeit.
Ich freue mich auf die Ferien.
Das Kind wäscht sich die Hände.

4. Τα ρήματα έγκλισης:

Er mag keinen Fisch.
Ich kann gut schwimmen.

5. Τα περισσότερα ρήματα, τα οποία σχηματίζουν τον παρακείμενο με το βοηθητικό ρήμα „sein“.

6. Μερικά ελάχιστα ρήματα, τα οποία σχηματίζουν τον παρακείμενο με το βοηθητικό ρήμα „haben“ **π.χ.** bekommen, erhalten, wissen, kennen.

Ασκήσεις

1. Μετατρέψτε τις παρακάτω προτάσεις στην παθητική φωνή!
Formen Sie die folgenden Sätze ins Passiv um!

Tom weckt Andreas früh.

____.

Julia hat gestern die Blume gegossen.

____.

Wir werden ein Haus bauen.

____.

Der Krieg wird enden.

____.

Die Wolken verdecken die Sonne.

____.

Der Wind zerstörte die Bungalows.

____.

Der Koch verdirbt das Essen.

____.

Du liebtest ihn sehr.

____.

2. Συμπληρώστε!
Ergänzen Sie!

kochen	wurde gekocht	wird gekocht	war gekocht worden
testen			
lesen			
schreiben			
erklären			
entdecken			
bauen			
bezahlen			

23. Η υποτακτική
Konjunktiv

Στα γερμανικά υπάρχουν δύο ειδών υποτακτικές. Η απλή υποτακτική (υποτακτική Ι.) χρησιμοποιείται συνήθως για το σχηματισμό του πλάγιου λόγου, στις οδηγίες χρήσης ή εντολές και σε ορισμένα ιδιώματα.

Ο σχηματισμός της υποτακτικής Ι. γίνεται ως εξής:

ΕΝΕΣΤΩΤΑΣ:
θέμα του ρήματος στην οριστική ενεστώτα + e + κατάληξη

	Οριστική Indikativ	**Υποτακτική** Konjunktiv I	**Κατάληξη** Endung
ich	lern-e	lern-e	-e
du	lern-st	lern-e-st	-est
er/ sie/ es	lern-t	lern-e	-e
wir	lern-en	lern-en	-en
ihr	lern-t	lern-e-t	-et
sie/ Sie	lern-en	lern-en	-en

ΒΟΗΘΗΤΙΚΑ ΡΗΜΑΤΑ ΕΓΚΛΙΣΗΣ
Modalverben

	Οριστική Indikativ	**Υποτακτική** Konjunktiv I	**Κατάληξη** Endung
ich	kann	könn-e	-e
du	kannst	könn -e-st	-est
er/ sie/ es	kann	könn -e	-e
wir	können	könn -en	-en
ihr	könnt	könn -e-t	-et
sie/ Sie	können	könn -en	-en

ΤΑ ΡΗΜΑΤΑ haben και sein

	Οριστική Indikativ		**Υποτακτική** Konjunktiv I	
ich	bin	habe	sei	habe
du	bist	hast	sei -e-st	habest
er/ sie/ es	ist	hat	sei	habe
wir	sind	haben	sei -en	haben
ihr	seid	habt	sei -e-t	habet
sie/ Sie	sind	haben	sei -en	haben

ΠΑΡΑΚΕΙΜΕΝΟΣ
το βοηθητικό ρήμα (sein/ haben) **στην υποτακτική I**
+ ρήμα στον παρακείμενο

	Οριστική Indikativ	**Υποτακτική** Konjunktiv I
ich	habe gelernt	habe gelernt
du	hast gelernt	habest gelernt
er/ sie/ es	hat gelernt	habe gelernt
wir	haben gelernt	haben gelernt
ihr	habt gelernt	habet gelernt
sie/ Sie	haben gelernt	haben gelernt

ΜΕΛΛΟΝΤΑΣ

	Οριστική Indikativ	**Υποτακτική** Konjunktiv I
ich	werde lernen	werde lernen
du	wirst lernen	werdest lernen
er/ sie/ es	wird lernen	werde lernen
wir	werden lernen	werden lernen
ihr	werdet lernen	werdet lernen
sie/ Sie	werden lernen	werden lernen

Υποτακτική ΙΙ.
Konjunktiv II.

Η υποτακτική ΙΙ εκφράζει την επιθυμία, τη θέληση ή την απορία του υποκειμένου.
Ο σχηματισμός της υποτακτικής ΙΙ γίνεται με τα βοηθητικά ρήματα *würde*, *wäre* και *hätte*.

Υποτακτική ΙΙ.
Konjunktiv II.

Αδύνατη υποτακτική ΙΙ. Schwacher Konjunktiv II.	**Δυνατή υποτακτική ΙΙ.** Starker Konjunktiv II.
Würde + απαρέμφατο Würde +Infinitiv	1. wäre 2. hätte 3. Modalverben: könnte, müsste

Ο σχηματισμός της υποτακτικής ΙΙ.

Α΄ Παρακείμενος του werden + = WURDE + Umlaut	**Infinitiv** kommen, gehen, sehen usw.

ich würde du würdest er/ sie/ es würde wir würden ihr würdet sie/ Sie würden	kommen gehen sehen κτλ.

B΄ Παρακείμενος + Umlaut + e

1. sein: war — wär — wäre

ich wäre	wir wären
du wärest	ihr wäret
er / sie wäre / es	sie / Sie wären

Π.χ.
Wenn du meine Freundin wärest, dann wärest du nie mehr allein.

---

2. haben: hatte + **Umlaut hätte**

ich hätte	wir hätten
du hättest	ihr hättet
er/ sie/ es hätte	sie / Sie hätten

---

3. Ρήματα έγκλισης στην Υποτακτική ΙΙ.
Modalverben im Konjunktiv II.

α΄ Με Umlaut
mit Umlaut

Απαρέμφατο (Infinitiv)**:**
können, dürfen, müssen

↓

Παρακείμενος
(Präteritum)**:**
konnte, durfte, musste
+ Umlaut

	können	**dürfen**	**müssen**
Singular			
ich	könnte	dürfte	müsste
du	könntest	dürftest	müsstest
er/ sie/ es	könnte	dürfte	müsste
Plural			
wir	könnten	dürften	müssten
ihr	könntet	dürftet	müsstet
sie/ Sie	könnten	dürften	müssten

β΄ Χωρίς Umlaut
ohne Umlaut

	wollen	sollen
Singular		
ich	wollte	sollte
du	wolltest	solltest
er/ sie/ es	wollte	sollte
Plural		
wir	wollten	sollten
ihr	wolltet	solltet
sie/ Sie	wollten	sollten

Απαρέμφατο (Infinitiv)**:**
wollen, sollen

↓

Παρακείμενος (Präteritum)**:**
wollte, sollte

Υποτακτική II. (Konjunktiv II.):
wollte, sollte

---

4. Τα δυνατά ρήματα στην Υποτακτική II.
Starke Verben im Konjunktiv II.

	kommen
Singular	
ich	käme
du	kämest
er/ sie/ es	käme
Plural	
wir	kämen
ihr	kämet
sie/ Sie	kämen

α΄ Απαρέμφατο (Infinitiv)**:** *kommen*

Παρακείμενος (Präteritum)**:** *kam*

Υποτακτική II. (Konjunktiv II.)**:**
Υποτακτική + Umlaut

β΄ Würde + Απαρέμφατο

Würde + Απαρέμφατο (Infinitiv)**:**
würde kommen

	würden kommen
Singular	
ich	würde kommen
du	würdest kommen
er/ sie/ es	würde kommen
Plural	
wir	würden kommen
ihr	würdet kommen
sie/ Sie	würden kommen

Πραγματικότητα (Οριστική) + **Υποθετική κατασκευή (Υποτακτική II.)**

Realität (Indikativ) **Fiktion (Konjunktiv II.)**

Anna wohnt das ganze Jahr im Hotel. Sie lacht nie. Sie arbeitet gar nicht. Sie kauft nur teure Sachen.	Ich würde nicht das ganze Jahr im Hotel wohnen. Ich würde oft lachen. Ich würde selbstverständlich arbeiten. Ich würde nicht immer nur teure Sachen kaufen.	....
Sie kommt immer zu spät. Sie zieht nur Markenklamotten an. Sie fährt immer mit dem Taxi.	Ich würde nie zu spät kommen Ich würde nicht nur Markenklamotten anziehen Ich würde nie mit dem Taxi fahren	= Ich käme nie zu spät. = Ich zöge nicht nur Markenklamotten an. = Ich führe nie mit dem Taxi..
Sie kann 24 Stunden schlafen. Sie muss immer alles haben. Sie will/ möchte immer allein sein.	....	Ich könnte nicht 24 Stunden schlafen. Ich müsste nicht immer alles haben. Ich wollte nicht immer allein sein.
Sie hat immer schlechte Laune. Sie ist sehr arrogant.	....	Ich hätte nur selten schlechte Laune. Ich wäre nicht arrogant.
Sie hat einen Audi gekauft. Sie ist oft shoppen gegangen.	....	Ich hätte keinen Audi gekauft. Ich wäre nicht oft shoppen gegangen.
Οριστική = πραγματικότητα Indikativ = Realität	SCHWACHER KONJUNKTIV II. = Υποθετικά γιατί δεν είμαι η Άννα.	STARKER KONJUNKTIV II.

Συνοπτικός πίνακας: Ρήματα έγκλισης και Υποτακτική II.
Übersichtstabelle: Modalverben und Konjunktiv II.

	können	dürfen	müssen	sollen	wollen	mögen	haben	sein
ich	**kann**	**darf**	**muss**	**soll**	**will**	**mag**	**habe**	**bin**
Präteritum	konnte	durfte	musste	sollte	wollte	mochte	hatte	war
Konjunktiv II	könnte	dürfte	müsste	sollte	wollte	möchte	hätte	wäre
du	**kannst**	**darfst**	**musst**	**sollst**	**willst**	**magst**	**hast**	**bist**
Präteritum	konntest	durftest	musstest	solltest	wolltest	mochtest	hattest	warst
Konjunktiv II	könntest	dürftest	müsstest	solltest	wolltest	möchtest	hättest	wärest
er/ sie/ es	**kann**	**darf**	**muss**	**soll**	**will**	**mag**	**hat**	**ist**
Präteritum	konnte	durfte	musste	sollte	wollte	mochte	hatte	war
Konjunktiv II	könnte	dürfte	müsste	sollte	wollte	möchte	hätte	wäre
wir	**können**	**dürfen**	**müssen**	**sollen**	**wollen**	**mögen**	**haben**	**sind**
Präteritum	konnten	durften	mussten	sollten	wollten	mochten	hatten	waren
Konjunktiv II	könnten	dürften	müssten	sollten	wollten	möchten	hätten	wären
ihr	**könnt**	**dürft**	**müsst**	**sollt**	**wollt**	**mögt**	**habt**	**seid**
Präteritum	konntet	durftet	musstet	solltet	wolltet	mochtet	hattet	wart
Konjunktiv II	könntet	dürftet	müsstet	solltet	wolltet	möchtet	hättet	wäret
Sie/ sie	**können**	**dürfen**	**müssen**	**sollen**	**wollen**	**mögen**	**haben**	**sind**
Präteritum	konnten	durften	mussten	sollten	wollten	mochten	hatten	waren
Konjunktiv II	könnten	dürften	müssten	sollten	wollten	möchten	hätten	wären

Άσκηση

Γράψτε τις προτάσεις όπως στο παράδειγμα!
Schreiben Sie die Sätze wie im Beispiel!

- *Paul verpasste die Bahn, deshalb musste er mit dem Bus fahren.*
Hätte Paul die Bahn nicht verpasst, hätte er nicht mit dem Bus fahren müssen.

- Eleni hat keine Milch da, deswegen muss sie jetzt einkaufen fahren.

……………………………………………………………………....

- Giorgos hat Bauchschmerzen weil er zu viel gegessen hat.

……………………………………………………………..…..

- Wir finden den Film langweilig weil wir ihn schon kennen.

………………………………………………………………………

- Du hast die Prüfung nicht bestanden weil du nicht gelernt hast.

………………………………………………………………………

- Sie hat viel Sport gemacht, deshalb hat sie abgenommen.

……………………………………………………………………..

- Das Baby hat sich wehgetan da ihr nicht darauf aufgepasst habt.

……………………………………………………………………...

- Sie haben Angst vor dem Meer weil sie nicht schwimmen können.

……………………………………………………………………..

24. Τα επίθετα
Adjektive

Η κλίση των επιθέτων στα γερμανικά εξαρτάται από είδος του επιθέτου (οριστικό, αόριστο, μηδενικό), τον αριθμό, το γένος και την πτώση.

Πρώτη περίπτωση: οριστικό άρθρο + επίθετο + ουσιαστικό

	Αρσενικά	**Θηλυκά**	**Ουδέτερα**
Singular			
Nominativ	der blaue Mantel	die grüne Hose	das rote Kleid
Akkusativ	den blauen Mantel	die grüne Hose	das rote Kleid
Dativ	dem blauen Mantel	der grünen Hose	dem roten Kleid
Genetiv	des blauen Mantels	der grünen Hose	des roten Kleides
Plural			
Nominativ	die blauen Mäntel	die grünen Hosen	die roten Kleider
Akkusativ	die blauen Mäntel	die grünen Hosen	die roten Kleider
Dativ	den blauen Mänteln	den grünen Hosen	den roten Kleidern
Genetiv	der blauen Mäntel	der grünen Hosen	der roten Kleider

Δεύτερη περίπτωση: αόριστο άρθρο + επίθετο + ουσιαστικό

	Αρσενικά	**Θηλυκά**	**Ουδέτερα**
Singular			
Nominativ	ein blauer Mantel	eine grüne Hose	ein rotes Kleid
Akkusativ	einen blauen Mantel	eine grüne Hose	ein rotes Kleid
Dativ	einem blauen Mantel	einer grünen Hose	einem roten Kleid
Genetiv	eines blauen Mantels	einer grünen Hose	eines roten Kleides
Plural			
Nominativ	--- blau**e** Mäntel	--- grün**e** Hosen	--- rot**e** Kleider
Akkusativ	--- blau**e** Mäntel	--- grün**e** Hosen	--- rot**e** Kleider
Dativ	--- blaue**n** Mänte**ln**	--- grüne**n** Hosen	--- rote**n** Kleider**n**
Genetiv	--- blaue**r** Mäntel	--- grüne**r** Hosen	--- rote**r** Kleider

Τρίτη περίπτωση: δεικτική αντωνυμία + επίθετο + ουσιαστικό

	Αρσενικά	Θηλυκά	Ουδέτερα
Singular			
Nom.	dieser blaue Mantel	diese grüne Hose	dieses rote Kleid
Akk.	diesen blauen Mantel	diese grüne Hose	dieses rote Kleid
Dat.	diesem blauen Mantel	dieser grünen Hose	diesem roten Kleid
Gen.	dieses blauen Mantels	dieser grünen Hose	dieses roten Kleides
Plural			
Nom.	diese blauen Mäntel	diese grünen Hosen	diese roten Kleider
Akk.	diese blauen Mäntel	diese grünen Hosen	diese roten Kleider
Dat.	diesen blauen Mänteln	diesen grünen Hosen	diesen roten Kleidern
Gen.	dieser blauen Mäntel	dieser grünen Hosen	dieser roten Kleider

Τέταρτη περίπτωση: Κτητική αντωνυμία + επίθετο + ουσιαστικό

	Αρσενικά	Θηλυκά	Ουδέτερα
Sing.			
Nom.	dein blauer Mantel	deine grüne Hose	dein rotes Kleid
Akk.	deinen blauen Mantel	deine grüne Hose	dein rotes Kleid
Dat.	deinem blauen Mantel	deiner grünen Hose	deinem roten Kleid
Gen.	deines blauen Mantels	deiner grüner Hose	deines roten Kleides
Pl.			
Nom.	deine blauen Mäntel	deine grünen Hosen	deine roten Kleider
Akk.	deine blauen Mäntel	deine grünen Hosen	deine roten Kleider
Dat.	deinen blauen Mänteln	deinen grünen Hosen	deinen roten Kleidern
Gen.	deiner blauen Mäntel	deiner grünen Hosen	deiner roten Kleider

Πέμπτη περίπτωση: επίθετο + ουσιαστικό

	Αρσενικά	**Θηλυκά**	**Ουδέτερα**
Singular			
Nominativ	--- blauer Mantel	--- grüne Hose	--- rotes Kleid
Akkusativ	--- blauen Mantel	--- grüne Hose	--- rotes Kleid
Dativ	--- blauem Mantel	--- grüner Hose	--- rotem Kleid
Genetiv	--- blauen Mantels	--- grüner Hose	--- roten Kleides
Plural			
Nominativ	--- blaue Mäntel	--- grüne Hosen	--- rote Kleider
Akkusativ	--- blaue Mäntel	--- grüne Hosen	--- rote Kleider
Dativ	--- blauen Mänteln	--- grünen Hosen	--- roten Kleidern
Genetiv	--- blauer Mäntel	--- grüner Hosen	--- roter Kleider

Έκτη περίπτωση: ερωτηματική αντωνυμία + ουσιαστικό

	Αρσενικά	**Θηλυκά**	**Ουδέτερα**
Singular			
Nominativ	welcher Mantel	welche Hose	welches Kleid
Akkusativ	welchen Mantel	welche Hose	welches Kleid
Dativ	welchem Mantel	welcher Hose	welchem Kleid
Genetiv	welches Mantels	welcher Hose	welches Kleides
Plural			
Nominativ	welche Mäntel	welche Hosen	welche Kleider
Akkusativ	welche Mäntel	welche Hosen	welche Kleider
Dativ	welchen Mänteln	welchen Hosen	welchen Kleidern
Genetiv	welcher Mäntel	welcher Hosen	welcher Kleider

■ Wie findest du den Mantel da?

□ Welchen? Den kurzen oder den langen?

Adjektivdeklination leicht gemacht

Der alte Mantel gefällt mir nicht. Maskulin Ein/ Mein alter …….	Ονομαστική Nominativ
Den alten Mantel verkaufe ich. Einen/ Meinen alten ……	Αιτιατική αρσενικό Akkusativ Maskulin
Das alte Hemd gefällt mir nicht. Ein/ Mein altes ….	Ονομαστική ουδέτερο Nominativ Neutrum
Die roten Hosen verkaufe ich. Rote ….	Αιτιατική θηλυκό πληθυντικός Akkusativ Feminin Plural

25. **Παραθετικά επιθέτων και επιρρημάτων**
Komparation von Adjektiven und Adverbien

Βαθμοί ενός επιθέτου είναι οι μορφές που παίρνει ένα επίθετο, για να δηλώσει διάφορους βαθμούς σύγκρισης.
Οι βαθμοί των επιθέτων είναι τρεις: ο **θετικός,** ο **συγκριτικός** και ο **υπερθετικός**. Από αυτούς ο συγκριτικός και ο υπερθετικός ονομάζονται **παραθετικά του επιθέτου.**

➔ **Ο θετικός βαθμός του επιθέτου (Positiv)** είναι η απλή μορφή του επιθέτου.

Π.χ. *schön, klein, groß, nah, teuer* κτλ.

➔ **Ο συγκριτικός βαθμός (Komparativ)** είναι η μορφή που λαμβάνει το επίθετο όταν συγκρίνουμε δύο „μεγέθη" μεταξύ τους. Η ιδιότητα του επιθέτου υπάρχει σε ένα από τους δύο όρους σύγκρισης *σε μεγαλύτερο βαθμό* από ότι στον άλλο.
Ο συγκριτικός βαθμός σχηματίζεται με την κατάληξη **–er.**

Π.χ. *Dieser Hund ist gr**öß**e**r** als der andere.*

➔ **Ο υπερθετικός βαθμός (Superlativ)** είναι η μορφή που λαμβάνει το επίθετο όταν θέλει να φανερώσει πως ένα ουσιαστικό (ή οποιαδήποτε άλλη λέξη) έχει κάποιο γνώρισμα στον πιο μεγάλο βαθμό από όλα τα όμοιά του.
Ο υπερθετικός βαθμός σχηματίζεται με την προσθήκη του **οριστικού άρθρου** (der, die, das) μπροστά από το επίθετο και την κατάληξη **–ste** *ή* την πρόθεση ***am*** μπροστά από το επίθετο και την κατάληξη **–sten.**

Π.χ. *Giorgos ist der beste. / Das gefällt mir am besten.*

1.Ομαλά επίθετα
Regelmäßige Adjektive

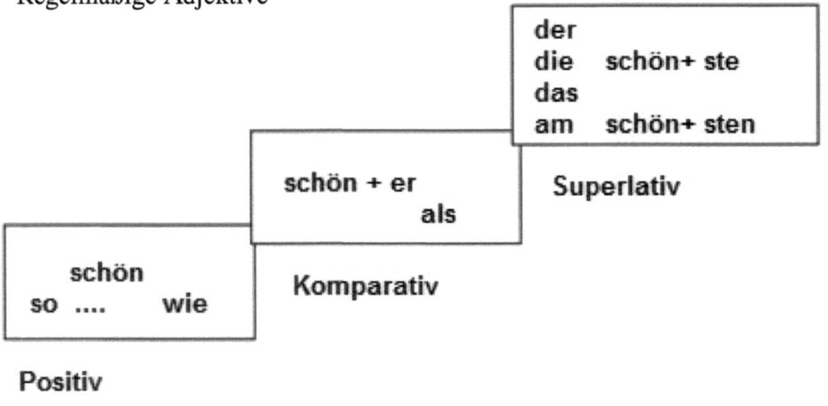

Das rote Kleid ist schön. (θετικός βαθμός)
Das grüne Kleid ist schön + **er**. (συγκριτικός βαθμός)
Das weiße Kleid ist **am** schön + **st** + en. (υπερθετικός βαθμός)

Ισότητα

Όταν η ιδιότητα του επιθέτου υπάρχει και στους δύο όρους σύγκρισης στον ίδιο βαθμό τότε η πρόταση εκφράζει ισότητα.

α. Ich laufe **so** schnell ***w i e*** du.
ebenso
genauso

β. Hans und Otto sind **gleich** intelligent.
gleichermaßen

2. Umlaut
Όταν το επίθετο αποτελείται από μια μόνο συλλαβή που περιέχει ένα από τα φωνήεντα α, ο, u **ή** η τελευταία συλλαβή περιέχει ένα από τα φωνήεντα αυτά, τότε ο συγκριτικός και ο υπερθετικός βαθμός σχηματίζονται με Umlaut: ä, ö, ü.

Θετικός βαθμός Positiv	**Συγκριτικός β.** Komparativ	**Υπερθετικός β.** Superlativ
warm	w**ä**rmer	am w**ä**rmsten
kalt	k**ä**lter	am k**ä**ltesten
kurz	k**ü**rzer	am k**ü**rzesten
groß	gr**ö**ßer	am gr**ö**ßten
stark	st**ä**rker	am st**ä**rksten
schwach	schw**ä**cher	am schw**ä**chsten
hoch	h**ö**her	am h**ö**chsten
nah	n**ä**her	am n**ä**chsten

3. Ανώμαλοι συγκριτικοί βαθμοί

α.	**Positiv**	**Komparativ**	**Superlativ**
	gut	besser	am besten
	gern	lieber	am liebsten
	viel	mehr	am meisten

β. Επίθετα τα οποία στο θετικό βαθμό τελειώνουν σε "er" ή "el" παραλείπουν στο συγκριτικό βαθμό το / -e /

Positiv	**Komparativ**	**Superlativ**
teuer	teurer	am teuersten
dunkel	dunkler	am dunkelsten

γ. Επίθετα τα οποία στο θετικό βαθμό τελειώνουν σε /t/, /d /, / z/ παίρνουν στον υπερθετικό βαθμό ένα /e/

Positiv	**Komparativ**	**Superlativ**
kalt	kälter	am kält**e**sten

δ. Τα εξής επίθετα δεν διαθέτουν ούτε συγκριτικό ούτε υπερθετικό βαθμό:

tot	einzig
steinhart	einmalig
himmelweit	golden
riesengroß	ganz
kein	

ε. Τα εξής επίθετα δεν διαθέτουν συγκριτικό βαθμό:

Θετικός β.	**Συγκριτικός β.**	**Υπερθετικός β.**
innere	-	innerste
äußere	-	äußerste
vordere	-	vorderste
hintere	-	hinterste
untere	-	unterste

Ασκήσεις

1. Συμπληρώστε τον πίνακα!
Ergänzen Sie die Tabelle!

Positiv	**Komparativ**	**Superlativ**
klein		
		der wenigste
teuer		
		das meiste
	länger	
gut		
	kürzer	
		die nächste
hoch		

	größer	
gern		
		der langsamste
schwach		
	kleiner	
schlank		

2. Συμπληρώστε τα κενά *με* als ή *wie*!
Ergänzen Sie die Lücken mit *als* oder *wie*!

1. Richard arbeitet nicht so fleißig .... Helmut.
2. Er lernt auch weniger erfolgreich .... Paul.
3. Du bist fast so schlank .... früher.
4. Ruth isst lieber Kopfsalat .... Gurken.
5. Wir hatten weniger Geld .... du.
6. Der Manager verdient mehr .... der Werkmeister.
7. Schreibt die junge Schriftstellerin auch so gut .... die alte?
8. Heute war das Wetter so .... im Sommer.
9. Diese Maschine funktioniert nicht länger .... meine.
10. Trinkt er nicht mehr so viel .... früher?
11. Du bist genauso langsam .... mein alter Freund.
12. Warum bist du nicht so pünktlich .... dein Kollege?
13. Fährt man sicherer mit der Bahn ....mit dem Auto?
14. Meine Eltern haben eine ebenso lange Schrankwand .... wir.
15. Habt ihr denn einen höheren Lohn .... wir ?
16. Petra ist nicht so klein .... ihre Mutter, aber auch nicht größer .... ihr Bruder.

3. Τελειώστε τις προτάσεις!
Beenden Sie die Sätze!

Brot schmeckt **gut**.
Gebäck schmeckt ....
Torte schmeckt ....

Du isst **viel**.
Ich esse ....
Gerd isst ....

Inge hilft **gern**.
Otto hilft ....
Jörg hilft ....

Das Band ist **lang**.
Das Seil ist ....
Das Kabel ist ....

Der Kiosk ist **nah**.	Max ist **groß**.
Der Laden ist	Hans ist ....
Der Markt ist	Fritz ist ....

4. Τελειώστε τις προτάσεις!
Beenden Sie die Sätze!

1. Ich kann **gut** Deutsch, aber mein Bruder kann ....
2. In der Kasse liegt **viel** Geld, aber im Safe ist ....
3. Marmelade esse ich **gern,** aber Honig esse ich ....
4. Das Schulgebäude ist **hoch,** aber das Rathaus ist ....
5. Gestern war es recht **warm,** aber heute ist es bestimmt ....
6. Im November war es schon **kalt,** aber im Januar ist ....
7. Oma ist **alt**, aber noch nicht **schwach**. Unser Opa ist .... und auch ....

5. Συμπληρώστε τα κενά με τη σωστή μορφή του επιθέτου και το σωστό άρθρο όπου χρειάζεται!
Setzen Sie die Adjektive in der richtigen Form ein, und auch den Artikel, wo nötig (Komparativ/ Superlativ)!

gut, nah, schön, viel, hoch

1. Hans und Harald sind .... Schüler unserer Klasse.
2. Berlin ist .... als ich dachte.
3. Bei uns studieren .... Ausländer als in Bulgarien.
4. Die Bank finden Sie gleich in .... Straße, die Post ist noch ....
5. Es ist .... Zeit, dieses Gebäude zu renovieren.

26. **Η πρόταση** (η θέση του ρήματος)
Der Satz

Η απλή πρόταση
Der einfache Satz

1.	2.	3.
Peter	schreibt	seinen Eltern einen Brief.
Seinen Eltern	schreibt	Peter einen Brief.
Einen Brief	schreibt	Peter seinen Eltern.

Η απλή πρόταση με βοηθητικό ρήμα έγκλισης
Der einfache Satz mit Modalverb

1.	2.	3.	4.
Peter	**will**	seinen Eltern einen Brief	**schreiben**.

Η απλή πρόταση στον παρακείμενο
Der einfache Satz im Perfekt

1.	2.	3.	4.
Peter	**hat**	seinen Eltern einen Brief	**geschrieben**.

Η ενισχυμένη πρόταση
Der zusammengesetzte Satz

α. weil (επειδή), **obwohl** (αν και), **wenn** (αν)

1.	2.	3.	4.
Andrea möchte Krankenschwester werden	**weil**	das ein schöner Beruf	**ist.**
	obwohl	sie dann wenig Freizeit	**hat**.
	wenn	sie einen Ausbildungsplatz	**findet**.

β. deshalb, also, trotzdem, dann

1.	2.	3.	4.
Andrea möchte Krankenschwester werden	**deshalb**	**schreibt**	sie eine Bewerbung.
	also	**braucht**	sie einen Ausbildungsplatz.
	trotzdem	**lernt**	sie nicht fleißig.
	dann	**hat**	sie mehr Geld.

γ. denn, und, aber, oder

0.	1.	2.	3.
Andrea möchte Krankenschwester werden	**denn**	das **ist**	ein schöner Beruf.
	und	sie **sucht**	eine Stelle.
	aber	sie **ist**	zu faul.
	oder	sie **bleibt**	arbeitslos.

27. Ερωτηματικές λέξεις
Fragewörter

Για τη διατύπωση ερωτήσεων χρειαζόμαστε συχνά ερωτηματικές λέξεις, οι οποίες τοποθετούνται στην αρχή της ερωτηματικής πρότασης. Οι πιο συνηθισμένες ερωτηματικές λέξεις είναι οι ακόλουθες:

A΄

wer? (ποιος;)
we**n**? (ποιον;)
we**ssen**? (ποιου; ποιανού;)
we**m?** (σε ποιον; με ποιον;)

was? (τι;)
was für ein, eine, ein (τι λογής;)

B΄ Wo ...? (πού;)

Wo + - r + ...

wo**r**an? (τι; σε τι;)
wobei? (πού;)
wo**r**auf? (πάνω σε τι;)
wodurch? (πώς; μέσω τι;)
wo**r**aus? (από τι;)
wofür? (για τι; για ποιο πράγμα;)
wo**r**in? (πού; σε τι;)
wogegen? (ενάντια σε τι;)
wo**r**unter? (κάτω από τι;)
wohinter? (πίσω από τι;)
wo**r**über? (πάνω από τι; /για ποιο;)
womit? (με τι;)
woneben? (δίπλα από τι;)
wovon? (από/για τι;)
wovor? (μπροστά από τι;)
wozu? (για ποιο (λόγο);)
wozwischen? (ανάμεσα σε τι;)
wohin? (πού; για πού;)
woher? (από πού;)
wo**r**um? (περί τίνος;)

Επίσης

bei wem? (σε ποιον;)
durch wen? (μέσω ποιού;)
für wen? (για ποιον;)
gegen wen? (ενάντια σε ποιον;)
hinter wem? (πίσω από ποιον;)
mit wem? (με ποιον;)
neben wem? (δίπλα από ποιον;)
von wem? (από/για ποιον;)
vor wem? (μπροστά από ποιον;)
zu wem? (σε ποιον;)

Γ΄ welcher? welche? welches? (ποιος; ποια; ποιο;)
welche? (ποιοι; ποιες; ποια;)
was für ein? was für eine? was für ein? was für? (τι λογής;)

Δ΄ **wie**? (πώς;) wie viel? (πόσο;) am wievielten? (στις πόσες;)
wie lange? (για πόσο;)
der, die, das wievielte ...? (ο/η/το πόσος/ -η/ -ο)
wie oft? (πόσο συχνά;)
wie spät? (πόσο αργά; / τι ώρα;)

Ε΄ **wann?** (πότε;)
seit wann? (από πότε;)
bis wann? (μέχρι πότε;)

ΣΤ΄ **warum?** (γιατί;)
wieso? (γιατί; για ποιο λόγο;)

Ασκήσεις

1. woher? wohin? wo? Συμπληρώστε!
woher? wohin? wo? Ergänzen Sie!

- Er geht nach Hause.
.... gehen Sie?
Ich gehe auch .... Hause.

- Du fliegst nach Athen
.... fliegt er?
Er fliegt .... Berlin.

- Wir wohnen in Thessaloniki.
.... wohnt ihr?
Wir wohnen .... Berlin.

- Sie kommt aus der Schweiz.
.... kommst du?
Ich komme ....Ungarn.

2. wie? wo? woher? wohin? Συμπληρώστε!
wie? wo? woher? Ergänzen Sie!

1.............................. kommen Sie? ....
2.............................. fliegen Sie? ....

3.............................. heißen Sie? ....
4. .... wohnen Sie? ....
5. .... gehen Sie? ....
6.............................. geht es Ihnen? ....

3. Συμπληρώστε και απαντήστε!
Ergänzen und antworten Sie!

1.Wie ....? Ich .... Peter.
2.Wohin ....? Ich .... Berlin.
3 Woher ....? Ich .... Zypern.
4.Wo ....? Ich .... Nikosia.
5.Wohin ....? Ich .... Deutschland.

4. Τι ταιριάζει;
Was passt wohin?

geht, fährt, fliegt, wohnst, kommst, heißt, kommen, wohnt

1. Woher .... du, Andreas? .... Nikosia.
2. Wo .... du jetzt? .... dem Hotel.
3. Wie .... er? Konstantinos.
4. Wohin .... Antonios? .... England.
5. Woher .... Anna und Ursula? .... Frankfurt.
6. Wohin .... Katia? .... Athen.
7. Wo .... Stefan? .... Dasoupolis.
8. Wohin .... Nikolas? .... Hause.

5. Ρωτήστε!
Fragen Sie!

1. ....? Er kommt aus Volos.
2. ....? Sie wohnen in Athen.
3. ....? Sie fährt nach München.
4. ....? Die Bank ist hier rechts.
5. ....? Brigitte fliegt nach Italien.

28. Ερωτηματικές προτάσεις με ερωτηματικές λέξεις
Fragesätze mit Frageworten

Ενεστώτας

1.	**2.**	**3.**	**4.**
Wann	schreibt	Peter	einen Brief?
Wo			
Wie			
Wem			

Παρακείμενος

1.	**2.**	**3.**	**4.**	**5.**
Wann	**hat**	Peter	einen Brief	**geschrieben**?
Wo				
Wie				
Wem				

Με ρήμα έγκλισης
Ενεστώτας

1.	**2.**	**3.**	**4.**	**5.**
Wann	**will**	Peter	einen Brief	**schreiben**?
Wo				
Wie				
Wem				

Ερωτηματικές προτάσεις χωρίς ερωτηματικές λέξεις
Fragesätze ohne Frageworte

Ενεστώτας

1.	**2.**	**3.**
Schreibt	Peter	einen Brief?

Παρακείμενος

1.	**2.**	**3.**	**4.**
Hat	Peter	einen Brief	**geschrieben**?

Με ρήμα έγκλισης

1.	**2.**	**3.**	**4.**
Will	Peter	einen Brief	**schreiben**?

Άσκηση

Σχηματίστε προτάσεις!
Bilden Sie Sätze!

➔ kannst, schwimmen, du?
➔ wir, wann, gehen, nach Hause?
➔ wo, Marie, eingekauft, hat?
➔ Anna, Hunger, hat?
➔ so lange, wart, wo, ihr?
➔ gekommen, wann, du, bist?

29. Η ώρα
Die Uhrzeit

-Ein Tag hat 24 Stunden. (= Μια μέρα έχει 24 ώρες.)
-Eine Stunde hat 60 Minuten. (= Μια ώρα έχει 60 λεπτά.)
-Eine Minute hat 60 Sekunden. (= Ένα λεπτό έχει 60 δευτερόλεπτα.)

Ερωτήσεις

-Wie spät ist es? (= Τι ώρα είναι; Τι ώρα έχουμε;)
-Wie viel Uhr ist es? (= Τι ώρα είναι; Τι ώρα έχουμε;)
-Wann? (= Πότε;)
-Bis wann? (= Μέχρι πότε;)
-Um wie viel Uhr? (= Τι ώρα…; Πότε …;)
-Wie lange? (= Για πόσο;)
- Von wann bis wann? (=από πότε μέχρι πότε;)

Χρήσιμες λέξεις και φράσεις

- vor (= παρά / πριν από τις …)
- nach (= και/ μετά τις …)
- um (= στις)
- von (= από τις)
- bis (= μέχρι τις)
- 15 Minuten = 1/4 = eine viertel Stunde
- 30 Minuten = 1/2 = eine halbe Stunde

Ich habe eine *Damenuhr*. (= Έχω ένα γυναικείο ρολόι.)
Mein Mann hat eine *Herrenuhr*. (= Ο άνδρας μου έχει ένα ανδρικό ρολόι)
Es ist 3 Uhr und 10 *Minuten*. (= Είναι τρεις και δέκα λεπτά.)
Die Fahrt dauert eine *Stunde*. (= Η διαδρομή διαρκεί μια ώρα.)
Wir haben noch eine *Stunde* Zeit. (= Έχουμε ακόμη μια ώρα (χρόνο))
Der Film beginnt um 8 *Uhr* und dauert zwei *Stunden*: von 8 bis 10 Uhr.
(= Η ταινία αρχίζει στις 8 και διαρκεί δύο ώρες: από τις 8 μέχρι τις 10.)

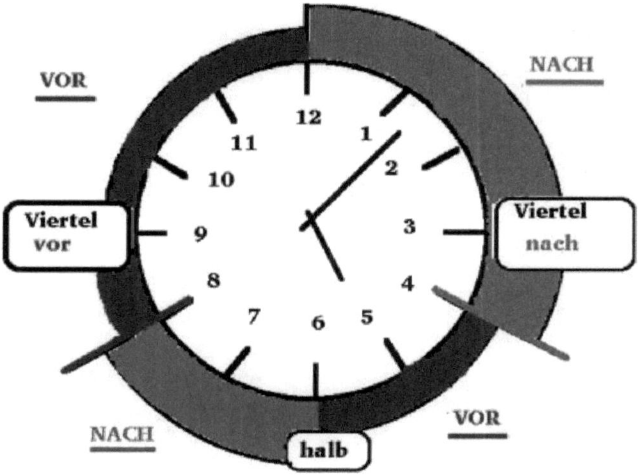

60 Minuten = eine Stunde
45 Minuten = eine Dreiviertelstunde = ¾
30 Minuten = eine halbe Stunde = ½
15 Minuten = eine Viertelstunde =_¼

---

12 Uhr	5	=	5 (Minuten)	**nach** zwölf
13 Uhr	10	=	10	**nach** eins
14 Uhr	15	=	Viertel	**nach** zwei **oder** viertel drei
15 Uhr	20	=	20	**nach** drei **oder 10 vor halb vier**
16 Uhr	25	=	5	**vor halb <u>fünf</u> !**
17 Uhr	30	=		**halb <u>sechs</u> !**
18 Uhr	35	=	5	**nach halb <u>sieben</u> !**
19 Uhr	40	=	20	**vor** acht **oder 10 nach halb acht**
20 Uhr	45	=	Viertel	**vor** neun **oder dreiviertel <u>neun</u> !**
21 Uhr	50	=	10	**vor** zehn
22 Uhr	55	=	5	**vor** elf
23 Uhr		=		dreiundzwanzig Uhr/ elf Uhr
24 Uhr		=	vierundzwanzig	Uhr/ zwölf Uhr (nachts) **Mitternacht**
0 Uhr	5	=	5	**nach** zwölf / Null Uhr fünf.

Ασκήσεις

1. Τι ώρα είναι;
Wie spät ist es? Wie viel Uhr ist es?

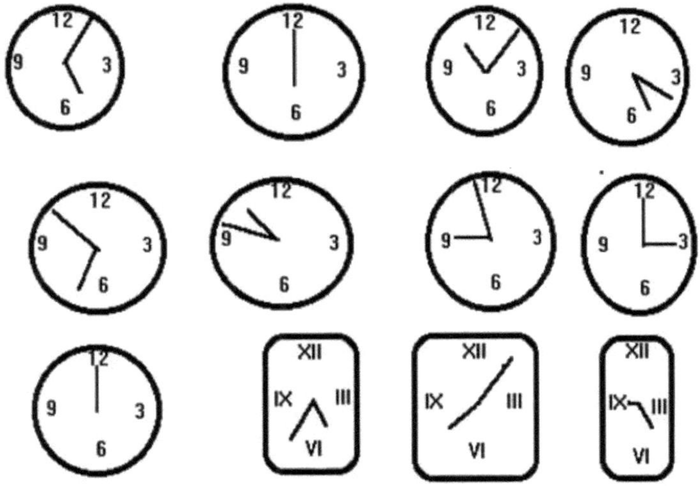

Es ist ....

2. Τι ώρα είναι;
Wie spät ist es?

3:00 Uhr , 4:00 Uhr, 8:00 Uhr , 13:00 Uhr, 19:00 Uhr, 21:00 Uhr, 24:00 Uhr, 0:00 Uhr

3. Πότε έρχεται το λεωφορείο;
Wann kommt der Bus?

Der Bus kommt um ….
5:10 Uhr, 6:30 Uhr, 7:25 Uhr, 8:05 Uhr, 13:10 Uhr, 14:15 Uhr, 15:20 Uhr, 18:25 Uhr, 19:50 Uhr, 22:10 Uhr

4. Από πότε μέχρι πότε είναι ανοικτό ... ;
Von wann bis wann hat ...auf?

Das Restaurant hat von 17 Uhr bis 22 Uhr geöffnet...

Restaurant: 17 - 22 Uhr
Cafeteria: 11 - 15 Uhr
Bar: 15 - 24 Uhr
Snack-Bar: 11 - 21 Uhr
Kiosk am Schwimmbad: 10 - 20 Uhr
Bank: Vormittag 8.30- 12 Uhr

5. Ρολόι, ώρες, λεπτά, από – μέχρι. Συμπληρώστε!
Stunden, Uhr, Minuten, von - bis? Ergänzen Sie!

Renate steht um 7 ....auf.
In Tokio ist es schon 21 ....
Am Nachmittag habe ich 3 .... Zeit.
Vormittags arbeite ich .... 8 --- ....11:30 ....
Er möchte eine .... lernen.
Sie arbeitet 40 .... in der Woche.
Um 19 .... 30 .... gehen sie ins Theater.
Das Kino fängt um 9 .... an.
Ich bin müde, ich mache eine halbe .... Pause.
Ich habe eine Damen ....
Es ist 15 ....
Ein Tag hat 24 ....
Eine....................... hat 60 ....
Die Fahrt dauert eine ....
Wir haben noch eine .... Zeit.
Ich möchte 2 .... schlafen.
Um 13:30 ....essen wir.
Ich arbeite 8 .... pro Tag.

30. Η ημερομηνία
Das Datum

Τακτικά αριθμητικά
Ordnungszahlen

Τα τακτικά αριθμητικά φανερώνουν τη θέση που παίρνει κάτι σε μια σειρά από όμοια πράγματα.

eins ➔ der/ die /das **erste**
zwei ➔ der/ die /das zwe**ite, -te**
drei ➔ der/ die /das **dritte**
vier ➔ der/ die /das vier**te**
[…]
sieben ➔ der/ die /das **siebte**
[…]
sechzehn ➔ der/ die /das sechzehnte
siebzehn ➔ der/ die /das siebzehnte
[...]
zwanzig ➔ der/ die /das zwanzigste, **-ste**
einundzwanzig ➔ der/ die /das einundzwanzigste

Διαβάστε δυνατά!

der 3. Bus
die 8. Tür
der 1. Zug
das 2. Zimmer
die 5. Stunde
die 3. Nacht
das 7. Flugzeug
das 21. Appartement

Ερωτήσεις με ονομαστική / αιτιατική /δοτική

➔ **Der** wievielte? Welch**er** Tag ist heute? **Ονομαστική**
Heute ist **der** 29. März. Heute ist Mittwoch.

➔**Den** wievielten....? **Die** wievielte....? **Das** wievielte ...? **Αιτιατική**

Heute haben wir **den** 14. Januar.

➔ Wann? Am wievielten? Seit wann? Wie lange? **Δοτική**
Am (an +dem) 5. Juli. **Vom** 13. **bis zum** 19. September.

vorgestern ➔ gestern ➔ HEUTE ➔ morgen ➔ übermorgen

	der Tag/ Monat
Nominativ Welche**r** Tag? De**r** wieviel**te** ist heute?	 Montag, **der** 05. Dezember **der** 10. März
Akkusativ De**n** wieviel**ten** ...? Die wieviel**te** ...? Das wieviel**te** ...?	 de**n** 3. Brief **aber!** die 3. Frau das 3. Kind
Dativ Wann/ **Am** wieviel**ten**? Seit wann? Wie lange?	 **Am** 23. Februar **Seit** de**m** 1. April **Vom** 1. **bis zum** 3. Mai

Die Wochentage	**Die Monate**	**Die Jahreszeiten**	**Die Tageszeiten**
der Montag Dienstag Mittwoch Donnerstag Freitag Samstag / Sonnabend Sonntag	**der** Januar Februar März April Mai Juni Juli August September Oktober November Dezember	**der** Frühling Sommer Herbst Winter	**der** Morgen Vormittag Mittag Nachmittag Abend **die** Nacht Mitternacht

Uhrzeit	
Wann beginnt das Frühstück?	**Um** 7:00Uhr

Tageszeit		
Wann hat die Schule auf?	**Am** Morgen Vormittag Mittag Nachmittag Abend	morgens vormittags mittags nachmittags Abends
	In der Nacht	nachts

Wochentag	
Wann sind Sie angekommen?	**Am** Sonntag
Monat	
Wann ist die Schweizer Woche?	**Im** Juli
Jahreszeit	
Wann fahren Sie ans Meer?	**Im** Sommer

Ασκήσεις

1. Πόσες έχει ο μήνας σήμερα;
Der wievielte ist heute?

Heute ist …

der 1. September	**der** 28. März
der 7. Januar	**der** 12. Februar
der 3. Dezember	**der** 30. Juni
der 9. November	**der** 20. August
der 7. Mai	**der** 6. Oktober
der 10. Juli	**der** 31. März

2. Πότε γεννήθηκε …
Wann ist … geboren?

am 1. April 1954	**am** 4. März 1988	**am** 25. August 1923
am 3. Mai 1975	**am** 10. August 1901	**am** 31. Januar 1473

Und wann sind Sie/ bist du geboren?

3. Πότε είναι…
Wann ist…

Neujahr 1.1., Muttertag 2.5., Weihnachten 25.12., Ostern 19. 4.

4. Από πότε μέχρι πότε;
Von wann bis wann?

1.04.- 12.04.	29.11.- 31.12.	7.3.- 27.03.
01.05.-03.10.	03.06.- 01.07.	17.09.- 19.09.

5. Από πότε;
Seit wann?

Vom… bis zum…
17.09.2010   08.03.1978   28.01.1956   22.04.1788

31. Παράρτημα
Anhang

Λίστα ανωμάλων ρημάτων
* i.= ist
*h.=haben

	Infinitiv	Präsens (3.Singular)	Präteritum (3. Sing.)	Partizip II
1. (a)	bleiben		blieb	i. geblieben
	schreiben		schrieb	h. geschrieben
(b)	schneiden		schnitt	h. geschnitten
	greifen		griff	h. gegriffen
2. (a)	schließen		schloss	h. geschlossen
	schießen		schoss	h. geschossen
(b)	verlieren		verlor	h. verloren
	fliegen		flog	i. geflogen
3. (a)	singen		sang	h. gesungen
	trinken		trank	h. getrunken
(b)	beginnen		begann	h. begonnen
4. (a)	sprechen	spricht	sprach	h. gesprochen
	kommen		kam	i. gekommen
(b)	essen	isst	aß	h. gegessen
	vergessen	vergisst	vergaß	h. vergessen
5. (a)	nehmen	nimmt	nahm	h. genommen
(b)	lesen	liest	las	h. gelesen
	sehen	sieht	sah	h. gesehen
6.	heben		hob	h. gehoben
7. (a)	verlassen	verlässt	verließ	h. verlassen
	anfangen	fängt an	fing an	h. angefangen
(b)	fahren	fährt	fuhr	i. gefahren
	tragen	trägt	trug	h. getragen
8.	rufen		rief	h. gerufen
	heißen		hieß	h. geheißen
!	gehen		ging	i. gegangen

!	stehen		stand	i. gestanden
!	tun		tat	h. getan
!	werden		wurde	i. gewesen
9.	denken		dachte	h. gedacht
	bringen		brachte	h. gebracht
	wissen		wusste	h. gewusst
	nennen		nannte	h. genannt

Λίστα δυνατών και μεικτών ρημάτων

	Infinitiv	Präteritum	Perfekt
1.	backen (ä)	buk	h. gebacken
2.	beginnen	begann	h. begonnen
3.	beißen	biss	h. gebissen
4.	beweisen	bewies	h. bewiesen
5.	biegen	bog	h. gebogen
	abbiegen	bog ab	i. abgebogen
	verbiegen	verbog	h. verbogen
6.	bieten	bot	h. geboten
	anbieten	bot an	h. angeboten
	verbieten	verbot	h. verboten
7.	binden	band	h. gebunden
	verbinden	verband	h. verbunden
8.	bitten	bat	h. gebeten
9.	bleiben	blieb	i. geblieben
10.	braten (ä)	briet	h. gebraten
11.	brechen (i)	brach	h. gebrochen
	zerbrechen (i)	zerbrach	h. zerbrochen
12.	empfangen	empfing	h. empfangen
13.	empfehlen	empfahl	h. empfohlen
14.	erschrecken (i)	erschrak	h. erschrocken
15.	essen (isst)	aß	h. gegessen
16.	fahren (ä)	fuhr	i. gefahren
	abfahren	fuhr ab	i. abgefahren
	erfahren	erfuhr	h. erfahren
17.	fallen (ä)	fiel	i. gefallen
	ausfallen	fiel aus	i. ausgefallen

	gefallen	gefiel	h. gefallen
18.	fangen (ä)	fing	h. gefangen
	anfangen	fing an	h. angefangen
19.	finden	fand	h. gefunden
	stattfinden	fand statt	h. stattgefunden
20.	fliegen	flog	i. geflogen
21.	fliehen	floh	i. geflohen
22.	fließen	floss	i. geflossen
23.	fressen (frisst)	fraß	h. gefressen
24.	frieren	fror	h. gefroren
25.	geben	gab	h. gegeben
26.	gehen	ging	i. gegangen
	vergehen	verging	i. vergangen
	untergehen	ging unter	i. untergegangen
27.	gelingen	gelang	i. gelungen
28.	gelten (i)	galt	h. gegolten
29.	geschehen (ie)	geschah	i. geschehen
30.	gewinnen	gewann	h. gewonnen
31.	gießen	goss	h. gegossen
32.	halten (ä)	hielt	h. gehalten
	behalten	behielt	h. behalten
	sich unterhalten	unterhielt sich	h. sich unterhalten
33.	hängen	hing	h. gehangen
34.	heben	hob	h. gehoben
	aufheben	hob auf	h. aufgehoben
35.	heißen	hieß	h. geheißen
36.	helfen (i)	half	h. geholfen
37.	klingen	klang	h. geklungen
38.	kommen	kam	i. gekommen
	ankommen	kam an	i. angekommen
	bekommen	bekam	h. bekommen
39.	laden (ä)	lud	h. geladen
	einladen	lud ein	h. eingeladen
40.	lassen (ä)	ließ	h. gelassen
	verlassen	verließ	h. verlassen
41.	laufen (ä)	lief	i. gelaufen
42.	leiden	litt	h. gelitten
43.	leihen	lieh	h. geliehen

44.	lesen (ie)	las	h. gelesen
	vorlesen	las vor	h. vorgelesen
45.	liegen	lag	h. gelegen
46.	lügen	log	h. gelogen
47.	messen	maß	h. gemessen
48.	nehmen (nimmt)	nahm	h. genommen
	annehmen	nahm an	h. angenommen
	mitnehmen	nahm mit	h. mitgenommen
	teilnehmen	nahm teil	h. teilgenommen
	unternehmen	unternahm	h. unternommen
49.	pfeifen	pfiff	h. gepfiffen
50.	raten (ä)	riet	h. geraten
	abraten	riet ab	h. abgeraten
	beraten	beriet	h. beraten
51.	reißen	riss	h. gerissen
	abreißen	riss ab	h. abgerissen
	zerreißen	zerriss	h. zerrissen
52.	reiten	ritt	i. geritten
53.	riechen	roch	h. gerochen
54.	rufen	rief	h. gerufen
	anrufen	rief an	h. angerufen
55.	scheiden	schied	h. geschieden
	(sich) entscheiden	entschied (sich)	h.(sich) entschieden
	(sich) unterscheiden	unterschied (sich)	h.(sich) unterschieden
56.	scheinen	schien	h. geschienen
	erscheinen	erschien	i. erschienen
57.	schieben	schob	h. geschoben
58.	schießen (schießt)	schoss	h. geschossen
59.	schlafen (ä)	schlief	h. geschlafen
	einschlafen	schlief ein	i. eingeschlafen
60.	schlagen (ä)	schlug	h. geschlagen
	vorschlagen	schlug vor	h. vorgeschlagen
61.	schließen (schließt)	schloss	h. geschlossen
	verschließen	verschloss	h. verschlossen

	zuschließen	schloss zu	h. zugeschlossen
62.	schmelzen (schmilzt)	schmolz	h. geschmolzen
63.	schneiden	schnitt	h. geschnitten
64.	schreiben	schrieb	h. geschrieben
	abschreiben	schrieb ab	h. abgeschrieben
	beschreiben	beschrieb	h. beschrieben
	unterschreiben	unterschrieb	h. unterschrieben
65.	schweigen	schwieg	h. geschwiegen
66.	schwimmen	schwamm	i. geschwommen
67.	sehen (ie)	sah	h. gesehen
	ansehen	sah an	h. angesehen
68.	sein (bin, bist,…)	war	i. gewesen
69.	singen	sang	h. gesungen
70.	sinken	sank	i. gesunken
	versinken	versank	i. versunken
71.	sitzen	saß	h. gesessen
	besitzen	besaß	h. besessen
72.	sprechen (i)	sprach	h. gesprochen
	aussprechen	sprach aus	h. ausgesprochen
	versprechen	versprach	h. versprochen
73.	stehen	stand	h. gestanden
	aufstehen	stand auf	i. aufgestanden
	bestehen	bestand	h. bestanden
	entstehen	entstand	i. entstanden
	verstehen	verstand	h. verstanden
74.	stehlen (ie)	stahl	h. gestohlen
75.	steigen	stieg	gestiegen
	aus/ einsteigen	stieg ein/ aus	i. ein/ ausgestiegen
	besteigen	bestieg	h. bestiegen
76.	sterben (i)	starb	i. gestorben
77.	stinken	stank	h. gestunken
78	stoßen (ö)	stieß	h. gestoßen
	anstoßen	stieß an	h. angestoßen
	zusammenstoßen	stieß zusammen	h. zusammengestoßen
79.	streiten	stritt	h. gestritten
80.	tragen (ä)	trug	h. getragen

81.	treffen (i)	traf	h. getroffen
82	treiben	trieb	h. getrieben
83	treten (i)	trat	h. getreten
	betreten	betrat	h. betreten
	eintreten	trat ein	h. eingetreten
84.	trinken	trank	h. getrunken
85.	tun	tat	h. getan
86.	vergessen (i)	vergaß	h. vergessen
87.	vergleichen	verglich	h. verglichen
88.	verlieren	verlor	h. verloren
89.	verschwinden	verschwand	i. verschwunden
90.	wachsen (ä)	wuchs	i. gewachsen
91.	waschen (ä)	wusch	h. gewaschen
92.	werben (i)	warb	h. geworben
	(sich) bewerben	bewarb (sich)	h. (sich) beworben
93.	werden	wurde	i. geworden
94.	werfen (i)	warf	h. geworfen
	einwerfen	warf ein	h. eingeworfen
95.	wiegen	wog	h. gewogen
96.	ziehen	zog	h. gezogen
	ausziehen	zog aus	h. ausgezogen
	einziehen	zog ein	h. eingezogen

Λύσεις

Κεφάλαιο 1

aber	guten Tag
Auto	Blume
Berlin	März
er kommt	Hund
Katze	Wasser
Xylophon	Zimmer

Κεφάλαιο 2

du	immer
Hannover	**Idee**
Milch	blau
Anna	lesen
Februar	heute

Κεφάλαιο 3 (Άσκηση 1)

der Vater	**der** Lehrer	**der** Bleistift	**das** Zimmer
der Tisch	**die** Lehrerin	**die** Hose	**der** Stuhl
die Katze	**das** Auto	**das** Visum	**die** Tochter
das Kind	**das** Fahrrad	**das** Buch	**die** Tür
die Freiheit	**der** Junge	**das** Formular	**die** Lampe
das Bett	**die** Schule	**die** Küche	**der** Mann

(Άσκηση 2)

Der Opa und **die** Oma kochen in der Küche.
Der Schreibtisch in meinem Zimmer ist neu.
Der Tag hat 24 Stunden.
Die Lehrerin erklärt uns die Hausaufgaben.
Die Schülerin passt nicht auf.
Das Brötchen ist schon alt und trocken.
Der Löwe ist gefährlich.
Das Buch ist interessant.
Die neue Matratze ist weich

Κεφάλαιο 4
ein Vater
ein Tisch
eine Katze
ein Kind
eine Idee
ein Bett
ein Lehrer
eine Lehrerin
ein Auto
ein Fahrrad
ein Junge
eine Schule
ein Bleistift
eine Hose
ein Visum
ein Buch
ein Formular
eine Küche
ein Zimmer
ein Stuhl
eine Tochter
eine Wohnung

Κεφάλαιο 6 (Άσκηση 1)
Für **ihn** eine Cola.
Für **sie** eine Tasse Tee.
Für **uns** einen Orangensaft.
Für **mich** ein Glas Apfelsaft, bitte.
Für **sie** Grapefruitsaft und Milch.
Für **uns** Espresso und Cappuccino.
Für **mich** eine Portion Eis.

(Άσκηση 2)
er gibt **dir**
sie antwortet **ihr**
du sagst **ihm**
er zeigt **uns**
sie kauft **euch**
der Verkäufer empfiehlt **ihnen/ Ihnen**

(Άσκηση 3)
Es gehört also **ihr**.
Es gehört also **dir**.
Es gehört also **uns**.
Es gehört also **ihnen**.
Es gehört also **euch**.
Es gehört also **ihm**.
Es gehört also **Ihnen**.

(Άσκηση 4)
Ich bringe **ihm** eine.
Ich kaufe **ihr** eine.
Ich bestelle **ihnen** eins.
Ich schenke **ihm** eine.
Ich bringe **ihr** einen.
Die Verkäuferin zeigt **ihnen** viele Souvenirs.
Der Rezeptionist zeigt **ihm!** eins. (das Fräulein)
Der Kellner empfiehlt **ihnen** Moussaka.
Der Barmann gibt **ihm** einen.
Er kauft **ihr** einen Ring.

Κεφάλαιο 7 (Άσκηση 1)
sein Haus
euer Tisch
ihre Tante
meine Blume
sein Fernseher
unser Buch
dein Handy
ihr Auto
seine Jacke
sein Kugelschreiber
unser Kaffee
deine Decke
meine Tür
eure Straßenbahn
ihr Schuh
sein Glas
ihre Hose

(Άσκηση 2)
eurer Reise
mit **seiner** Mutter
schreibt **seinem** Freund
Ihr Rückgeld
Meine Jacke
Dein Garten
Ihr Name ist Anna
meinem Bruder

ihre Puppe
sein Auto
eure Bücher
Ihre Hausaufgaben

(Άσκηση 3)
Ich habe **meine** Weihnachtsferien mit **meiner** Familie in Griechenland verbracht. **Mein** Bruder und **meine** Schwester sind mit **ihren** Fahrrädern zu **unseren** Großeltern gefahren. Sie haben einen großen Hund. **Ihr** Hund heißt Bello und er ist ein sehr schöner Hund. **Unsere** Cousins und Cousinen waren auch jeden Tag da und **mein** Bruder hat oft mit **ihrem** Ball gespielt. **Meiner** Schwester gefiel das natürlich nicht, sie spielte lieber mit **ihren** Freundinnen oder mit **ihren** Puppen.
Ich bin am Wochenende mit **meinem** Auto auch da hingefahren. Dort hat bereits **dein** Brief auf mich gewartet.

Κεφάλαιο 8 (Άσκηση 1)
, die so schön singen.
, den er gestern gekauft hat,
, den du gebacken hast?
, die einen grünen Mantel trägt,
, das ich ihm schenken werde.
, die er umtauschen will?
, den Giorgos verpflanzt hat.

(Άσκηση 2)
Das ist die Dame aus Athen, die du noch nicht kennen gelernt hast.
Die Aufgaben, die bis morgen fertig sein müssen, sind schwer.
Den Mann, der vor dem blauen Haus steht, kenne ich.
Ich kaufe dem Kind, das artig ist, ein Eis.
Der Koch, dessen Gerichte lecker sind, ist neu.

Κεφάλαιο 9 (Άσκηση 1)
In der Schule – Im Garten
In die Schule – In den Wald
Im Hotel – In der Küche
In die Flasche – In das Glas
In der Diskothek – Im Wohnzimmer

Im Park – In der Stadt
In die Küche – In den Keller

(Άσκηση 2)
in das Restaurant **an den/ an einen** Tisch setzen.
Am Fenster…
ans Fenster gesetzt.
auf den Tisch gestellt.

(Άσκηση 3)
Es liegt schon auf dem Tisch.
Er steht schon auf dem Boden.
Ich sitze schon auf dem Stuhl.
Es hängt schon an der Wand.
Er steht schon auf dem Tisch.

(Άσκηση 4)
in der Stadt, **in der** Frühlingstraße, **auf dem** Land, **in der** Schweiz, **in** Griechenland

(Άσκηση 5)
steht **auf dem** Tisch.
lege die Zeitung **in/ auf den** Schrank.
stellt die Vase **neben/ hinter/ vor das** Buch.
hängt **an der** Wand.
steht **vor/ hinter/ neben dem** Haus.
stelle ich **auf den** Tisch.
stellst du **vor/ unter das** Fenster.
liegt **zwischen/ vor/ auf/ neben/ hinter den** Büchern.
hängen wir **über die** Vase.
sind **in/ vor/ auf/ neben dem** Schrank.
tust du **in den** Schrank.
in das Hotel.

(Άσκηση 6)
deinen Bruder? - Ja, es ist für **ihn**.
ohne **deine** Freundin? - Ja, ohne **sie**.
Ja, gegen **ihn.**
Ist die Hose für **mich?** - Ja, für **dich**.
Für **euch**? - Ja, für **uns**.

Κεφάλαιο 11

heiße

bin
kommst
komme/ kommen
fahrt
gehen
suche
kommst
lese

Κεφάλαιο 12

Unsere Oma kümmert sich um die Katze. / Die Oma kümmert sich um unsere Katze.
Er interessiert sich für Mathematik.
Erinnerst du dich an die alte Dame aus Kreta?
Ihr unterhaltet euch über die gestrige Party.

Κεφάλαιο 13 (Άσκηση 1)

Du willst/ musst…
Können Sie mir sagen…
Maria kann…
Wir wollen…
Niklas kann…
Ich will es…
Könnt ihr mich
Emilie darf/ will heute…
er kann…
Du musst/ sollst morgen…
Sie will…
sie kann/ darf nicht …
David will…
Wir können Deutsch…

(Άσκηση 2)
Willst du ins Kino gehen?
Ihr könnt gut Deutsch!
Er soll morgen das Buch nicht vergessen!
Dürfen wir noch mehr Eis haben?
Magst du den neuen Film?
Ich muss dringend meine Mama anrufen.

Κεφάλαιο 14 (Άσκηση 1)
Eleni steht immer um 8 Uhr auf.
Wann kommt Giannis zurück? / Giannis, wann kommst du zurück?
Wir kaufen jeden Samstag ein.
Wann wollen Sie zurückfliegen?
Wollt ihr mitkommen?

(Άσκηση 2)

aufhängen	Ich	**hänge**	das Bild	**auf**
aufräumen	Du	**räumst**	das Zimmer	**auf**
zurückholen	Er	**holt**	das Buch	**zurück**
wegschmeißen	Sie	**schmeißt**	den Müll	**weg**
anrufen	Wir	**rufen**	unsere Eltern	**an**
losfahren	Ihr	**fahrt**	um 10 Uhr	**los**
mitbringen	Sie	**bringen**	Ihre Kinder	**mit**

Κεφάλαιο 15 (Άσκηση 1)

gehen	**bin gegangen**	laufen	**bin gelaufen**
essen	habe gegessen	**schwimmen**	bin geschwommen
trinken	**habe getrunken**	singen	**habe gesungen**
sehen	habe gesehen	**telefonieren**	habe telefoniert
lesen	**habe gelesen**	zeigen	**habe gezeigt**
schreiben	habe geschrieben	**anziehen**	habe angezogen
danken	**habe gedankt**	bleiben	**bin geblieben**
raten	habe geraten	**kochen**	habe gekocht

(Άσκηση 2)
habe gekauft
Bist gegangen
habt gekocht
sind geschwommen
haben gemacht
hat gespielt
Habt gesehen
Haben gekauft

Κεφάλαιο 16
ich las
wir sahen
ihr kanntet
Konnten Sie
Du kamst
Tobias sagte
Nicole war

Κεφάλαιο 17
Im Sommer *werden* wir ein Ferienhaus am Meer *mieten.*
Auch die Kinder *werden* dieses Jahr *mitfahren.*
Mein Mann *wird* den ganzen Tag *angeln.*
Du *wirst* mit uns eine Schifffahrt nach Ägypten *machen.*
Ihr *werdet* unsere Nachbarn *kennen lernen.*
Mutti *wird* nicht jeden Tag *kochen.*
Ich *werde* oft *schwimmen.*
Die Großeltern *werden* uns auch *besuchen.*

Κεφάλαιο 19
gelesen hatte
waren wir schon gegangen
empfohlen hatte
geschwommen hatten
eingeladen hatte
hatten reserviert
hatte geklingelt

Κεφάλαιο 21 (Άσκηση 1)

	du	**Sie / wir**	**ihr**
arbeiten	arbeite	arbeiten Sie/ wir	arbeitet
fotografieren	fotografiere	fotografieren Sie/ wir	fotografiert
essen	iss	essen Sie/ wir	esst
fernsehen	sieh fern	sehen Sie/ wir fern	seht fern
lernen	lern	lernen Sie/ wir	lernt
aufräumen	räum auf	räumen Sie/ wir auf	räumt auf
bleiben	bleib	bleiben Sie/ wir	bleibt
trinken	trink	trinken Sie/ wir	trinkt
lesen	lies	lesen Sie/ wir	lest

schlafen	schlaf	schlafen Sie/ wir	schlaft
schwimmen	schwimm	schwimmen Sie/ wir	schwimmt
sprechen	sprich	sprechen Sie/ wir	sprecht
kochen	koch	kochen Sie/ wir	kocht
hören	hör	hören Sie/ wir	hört
nehmen	nimm	nehmen Sie/ wir	nehmt
schreiben	schreib	schreiben Sie/ wir	schreibt
fahren	fahr	fahren Sie/ wir	fahrt
spielen	spiel	spielen Sie/ wir	spielt
aufstehen	steh auf	stehen Sie/ wir auf	steht auf
einkaufen	kauf ein	kaufen Sie/ wir ein	kauft ein
vergessen	vergiss	vergessen Sie/ wir	vergesst
sein	sei	seien Sie/ wir	seid

(Άσκηση 2a)
ruf mich doch an!
besuch uns doch!
nimm sie doch!
bleib doch!
bring sie doch mit!
steig doch ein!
fahr doch mit!

(Άσκηση 2b)
ruf gleich an!
fang gleich an!
gib es gleich!

(Άσκηση 3)
…mach doch endlich mal Pause!
…steigt schnell in den Bus ein!
Hab/ habt/ haben Sie keine Angst…
Sprechen Sie bitte lauter...
Bitte, **seien Sie** vorsichtig!
Ach Hans, **hilf** mir…
Bitte **sei** mir nicht böse!
Seien Sie leise, bitte!
Gute Nacht ihr beiden, schlaft gut!

(Άσκηση 4)
- Essen wir viel Obst.
- Rauch nicht!

- Seid brav.
- Sei allein.
- Hab ein Auto.
- Schreiben Sie einen Brief.
- Kommt früh.
- Sprich langsam.
- Fahr schnell.
- Sehen Sie fern.
- Vergesst meinen Namen.
- Nimm noch Suppe.

(Άσκηση 5)
- sprich
- vergiss/ vergesst/ vergessen Sie
- gib
- iss
- hilf
- fahr/ fahrt/ fahren Sie

Κεφάλαιο 22 (Άσκηση 1)
Andreas wird durch Tom früh geweckt.
Die Blumen sind gestern von Julia gegossen worden.
Ein Haus wird von uns gebaut werden.
Der Krieg wird beendet werden.
Der Krieg wird enden.
Die Sonne wird durch die Wolken verdeckt.
Die Bungalows wurden durch den Wind zerstört.
Das Essen wird durch den Koch verdorben.
Er wurde von dir sehr geliebt.

(Άσκηση 2)

kochen	wurde gekocht	wird gekocht	war gekocht worden
testen	wurde getestet	wird getestet	war getestet worden
lesen	wurde gelesen	wird gelesen	war gelesen worden
schreiben	wurde geschrieben	wird geschrieben	war geschrieben worden
erklären	wurde erklärt	wird erklärt	war erklärt worden
entdecken	wurde entdeckt	wird entdeckt	war entdeckt worden
bauen	wurde gebaut	wird gebaut	war gebaut worden
bezahlen	wurde bezahlt	wird bezahlt	war bezahlt worden

Κεφάλαιο 23
Hätte Eleni Milch da, müsste sie jetzt nicht einkaufen fahren.

Hätte Giorgos nicht so viel gegessen, hätte er keine Bauchschmerzen.
Würden wir den Film nicht kennen, würden wir ihn nicht langweilig finden.
Hättest du gelernt, hättest du die Prüfung bestanden.
Hätte sie keinen Sport gemacht, hätte sie nicht abgenommen.
Hättet ihr auf das Baby aufgepasst, hätte es sich nicht wehgetan.
Könnten sie schwimmen, hätten sie keine Angst vor dem Meer.

Κεφάλαιο 25 (Άσκηση 1)

Positiv	**Komparativ**	**Superlativ**
klein	**kleiner**	**der kleinste**
wenig	**weniger**	der wenigste
teuer	**teurer**	**der teuerste**
viel	**mehr**	der meiste
lang	länger	**der längste**
gut	**besser**	**der beste**
kurz	kürzer	**der kürzeste**
nah	**näher**	der nächste
hoch	**höher**	**der höchste**
groß	größer	**der größte**
gern	**lieber**	**der liebste**
langsam	**langsamer**	der langsamste
schwach	**schwächer**	**der schwächste**
klein	kleiner	**der kleinste**
schlank	**schlanker**	**der schlankeste**

(Άσκηση 2)

1. wie
2. als
3. wie
4. als
5. als
6. als
7. wie
8. wie
9. als
10. wie
11. wie
12. wie
13. als
14. wie
15. als
16. wie/ als

(Άσκηση 3)
gut – besser – am besten
viel – mehr – am meisten
gern – lieber – am liebsten
lang – länger – am längsten
nah – näher – am nächsten
groß – größer – der größte

(Άσκηση 4)
1. aber mein Bruder kann besser.
2. aber im Safe ist mehr Geld.
3. aber Honig esse ich lieber.
4. aber das Rathaus ist höher.
5. aber heute ist es bestimmt wärmer.
6. aber im Januar ist kälter.
7. Unser Opa ist älter und auch schwächer.

(Άσκηση 5)
1. **die besten** Schüler unserer Klasse.
2. **schöner** als ich dachte.
3. Bei uns studieren **mehr** Ausländer ...
4. Die Bank finden Sie gleich in der **nächsten** Straße, die Post ist noch **näher**.
5. Es ist **höchste** Zeit...

Κεφάλαιο 27 (Άσκηση 1)
- Er geht nach Hause.
Wohin gehen Sie?
Ich gehe auch **nach** Hause.

- Du fliegst nach Athen
Wohin fliegt er?
Er fliegt **nach** Berlin.

- Wir wohnen in Thessaloniki.
Wo wohnt ihr?
Wir wohnen **in** Berlin.

- Sie kommt aus der Schweiz.
Woher kommst du?
Ich komme **aus** Ungarn.

(Άσκηση 2)
1. **Woher** kommen Sie? **Aus**…
2. **Wohin** fliegen Sie? **Nach**…
3. **Wie** heißen Sie? Ich heiße
4. **Wo** wohnen Sie? Ich wohne in…
5. **Wohin** gehen Sie? Nach… / Zum / zur …
6. **Wie** geht es Ihnen? ….

(Άσκηση 3)
1. Wie **heißen Sie**? Ich **heiße** Peter.
2. Wohin **fahren Sie**? Ich **fahre nach** Berlin.
3 Woher **kommen Sie**? Ich **komme aus** Zypern.
4. Wo **wohnen Sie**? Ich **wohne in** Nikosia.
5. Wohin **fliegen Sie**? Ich **fliege nach** Deutschland.

(Άσκηση 4)
1. Woher **kommst** du, Andreas? **Aus** Nikosia.
2. Wo **wohnst** du jetzt? **In** dem Hotel.
3. Wie **heißt** er? Konstantinos.
4. Wohin **fliegt** Antonios? **Nach** England.
5. Woher **kommen** Anna und Ursula? **Aus** Frankfurt.
6. Wohin **fährt** Katia? **Nach** Athen.
7. Wo **wohnt** Stefan? **In** Dasoupolis.
8. Wohin **geht** Nikolas? **Nach** Hause.

(Άσκηση 5)
1. Woher kommt er?
2. Wo wohnen sie?
3. Wohin fährt sie?
4. Wo ist die Bank?
5. Wohin fliegt Brigitte?

Κεφάλαιο 28

Kannst du schwimmen?
Wann gehen wir nach Hause?
Wo hat Marie eingekauft?
Hat Anna Hunger?
Wo wart ihr so lange?
Wann bist du gekommen?

Κεφάλαιο 29 (Άσκηση 5)
Renate steht um 7 **Uhr** auf.
In Tokio ist es schon 21 **Uhr**.
Am Nachmittag habe ich 3 **Stunden** Zeit.
Vormittags arbeite ich **von** 8 **bis**11:30 **Uhr**.
Er möchte eine **Stunde** lernen.
Sie arbeitet 40 **Stunden** in der Woche.
Um 19 **Uhr** 30 **Minuten** gehen sie ins Theater.
Das Kino fängt um 9 **Uhr** an.
Ich bin müde, ich mache eine halbe **Stunde** Pause.
Ich habe eine Damen**uhr**.
Es ist 15 **Uhr**.
Ein Tag hat 24 **Stunden.**
Eine **Stunde** hat 60 **Minuten**.
Die Fahrt dauert eine **Stunde**.
Wir haben noch eine **Stunde** Zeit.
Ich möchte 2 **Stunden** schlafen.
Um13:30 **Uhr** essen wir.
Ich arbeite 8 **Stunden** pro Tag.